A FUNÇÃO RELACIONAL DO TEMPO NAS HIPÓTESES DE DECADÊNCIA E DE PRESCRIÇÃO

UM ENFOQUE TRIBUTÁRIO

CIP-BRASIL. CATALOGAÇÃO NA PUBLICAÇÃO
SINDICATO NACIONAL DOS EDITORES DE LIVROS, RJ

S612f

Simões, Argos Campos Ribeiro

A função relacional do tempo nas hipóteses de decadência e de prescrição: um enfoque tributário / Argos Campos Ribeiro Simões. - 1. ed. - São Paulo: Noeses, 2019.

248 p. : il. ; 23 cm.
Inclui bibliografia
ISBN 978-85-8310-106-2

1. Direito tributário - Brasil. 2. Prescrição (Direito tributário) - Brasil. 3. Decadência (Direito) - Brasil. I. Título.

18-52520 CDU: 34:351.713

Argos Campos Ribeiro Simões

A FUNÇÃO RELACIONAL DO TEMPO NAS HIPÓTESES DE DECADÊNCIA E DE PRESCRIÇÃO

UM ENFOQUE TRIBUTÁRIO

editora e livraria
NOESES

2019

Fundador e Editor-chefe: Paulo de Barros Carvalho

Gerente de Produção Editorial: Rosangela Santos

Arte e Diagramação: Renato Castro

Revisão: Patricia Menezes

Designer de Capa: Aliá3 - Marcos Duarte

2019

editora e livraria

NOESES

Editora Noeses Ltda.

Tel/fax: 55 11 3666 6055

www.editoranoeses.com.br

À minha mãe, Maria Dolores, por sua doação irrestrita de carinho e pelo seu sacrifício em nome do amor, pelo exemplo de dignidade e de sapiência.

Aos meus filhos, Samanta e Argos, e netinhos, Arthur e Marina, razão da minha existência e da minha alegria de viver.

AGRADECIMENTOS

Ao Prof. Dr. Paulo de Barros Carvalho, pelo apoio, pela orientação e pela confiança ao longo desses anos de convívio.

À minha família pelo apoio irrestrito e pela compreensão.

Aos meus queridos professores, amigos doadores de sabedoria.

A todos os meus queridos amigos pelo incentivo.

Aos meus queridíssimos alunos, pelas discussões que me fizeram retornar ao ponto de partida por várias e várias vezes.

A todos aqueles que me apoiaram e colaboraram para a realização desta tese, meu reconhecimento e eterna amizade.

O tempo parece indefinível,
inapreensível, como se só
existisse em sua fuga, como se
só aparecesse com a condição
de sempre desaparecer, e
tanto mais obscuro como
conceito quanto mais claro
como experiência.

André Comte-Sponville

PREFÁCIO

Tomemos o direito positivo como instrumento de ação social, concebido para ordenar as condutas intersubjetivas, orientando-as para os valores que a sociedade quer ver realizados. Claro está que organização dessa índole não pode compadecer-se com a indeterminação, com a incerteza, com a permanência de conflitos insolúveis, com o perdurarem no tempo, sem definição jurídica adequada, questões que envolvam controvérsias entre sujeitos de direito. Os comportamentos interpessoais são tolhidos pelas modalidades deônticas (obrigatório, proibido e permitido), concretizando-se no plano factual em termos de cumprimento da orientação normativa (condutas lícitas) ou em forma de descumprimento (condutas ilícitas). Enquanto sistema, a ordem jurídica aparece como forma de superar conflitos de interesse, estabelecendo, coercitivamente, a direção que a conduta há de seguir, em nome do bem-estar social. Essa tendência à determinação e à estabilização dos comportamentos intersubjetivos nem sempre se volta, de modo imediato, para o valor *justiça*. Antes, persegue o equilíbrio das relações, mediante a convicção de que uma solução jurídica será encontrada: eis o primado da *certeza do direito*, que opera para realizar, num segundo momento, o bem maior da *justiça*.

Dessa maneira, sempre que o fluxo do tempo ameaçar, de algum jeito, a obtenção daquele almejado equilíbrio, que se reflete no princípio da firmeza ou da certeza jurídica, prevê o sistema a ocorrência de fatos extintivos, os quais têm o condão de definir, drasticamente, a situação pendente, determinando direitos e deveres subjetivos correlatos. Entre tais acontecimentos estão a *decadência* e a *prescrição*.

Assim como ocorre com todas as entidades do hemisfério jurídico, *decadência* e *prescrição* podem ser analisadas em várias dimensões: numa instância normativa, como regras que compõem o sistema do direito positivo, ou no plano factual, como acontecimento do mundo, descrito em linguagem. Fala-se, portanto, em "norma decadencial" e em "fato decadencial"; em "norma prescricional" e em "fato prescricional".

Na condição de normas, desfrutando da comum estrutura inerente às unidades do ordenamento, integram-se de um antecedente ou hipótese e de um consequente ou tese, estipulando as respectivas hipóteses que *"dado o decurso de certo trato de tempo, sem que o titular do direito o exercite"*, instaurar-se-á o preceito estipulado na tese, desconstituindo-se o direito subjetivo de que o sujeito ativo esteve investido.

Essa *função relacional do tempo nas hipóteses de decadência e de prescrição* é o mote do estudo desenvolvido por Argos Campos Ribeiro Simões, que, pautado nos pressupostos epistemológicos do Constructivismo Lógico-Semântico, aprofunda-se nas acepções e nos conceitos historicamente atribuídos ao "tempo", passando, em seguida, à sua análise no contexto do sistema jurídico, mais especificamente nas estruturas das regras-matrizes de incidência. Firmadas essas premissas, discorre sobre os procedimentos relacionados à constituição e à execução do crédito tributário, examinando os respectivos fluxos temporais decadenciais e prescricionais, à luz dos correspondentes preceitos do Código Tributário Nacional.

Estamos diante de trabalho que expõe aspectos filosóficos e jurídicos, de ordem teórico-pragmática, apresentado e aprovado como tese de Doutorado perante a Pontifícia Universidade Católica de São Paulo, ocasião em que Argos defendeu suas ideias com brilhantismo e clareza.

Meus cumprimentos ao Autor e à Editora Noeses, por oferecerem à comunidade jurídica texto tão rico e atual, prestando-se como importante fonte de pesquisa, rendendo campo a discussões e aplicações em todos os níveis de linguagem.

São Paulo, 12 de novembro de 2018.

Paulo de Barros Carvalho

Professor Emérito e Titular de Direito Tributário da PUC/SP e da USP. Membro titular da Academia Brasileira de Filosofia.

SUMÁRIO

INTRODUÇÃO

Este trabalho apresenta visões filosóficas e jurídicas sobre o relacionamento do tempo-direito nas hipóteses de decadência e de prescrição tributárias.

Iniciaremos fincando premissas sobre o nosso referencial de conhecimento, método, realidade e verdade, ingressando nas temáticas do direito, abordando as categorias de validade, vigência, eficácia, aplicação, incidência e interpretação.

Depois investigaremos como foi a evolução filosófica do estudo do tempo ao longo da história, com breve investigação nos estudos de Aristóteles, Plotino, Santo Agostinho, Kant, Bergson, Husserl e Heidegger. Com Comte-Sponville, Tercio Sampaio Ferraz Junior e François Ost discutiremos descritivamente a relação dialética tempo-direito.

Fundados nesse arcabouço teórico-investigativo esquematizaremos regras-matrizes de incidência temporal, por inspiração da regra-matriz de incidência tributária criada por Paulo de Barros Carvalho, com o propósito de formalizar a ação temporalizadora em diversas situações, envolvendo prazos decadenciais e prescricionais.

Por fim, descobriremos qual o melhor método de abordagem sobre a relação tempo-direito, estudando categorias de fala como o lançamento e a execução fiscal para tentar compreender como este tempo tão fugidio pode nos servir de parâmetro para entender e aplicar com segurança critérios decadenciais e prescricionais.

Destacamos que a motivação deste trabalho teve início com uma intrigante afirmação feita pelo professor Tárek Moysés Moussallem que, em intelectual provocação, destacou que "decadência e prescrição ocorreriam quando o tempo da enunciação-enunciada menos o tempo do enunciado-enunciado fosse superior a 5 anos".

A sadia, inteligente e bem-humorada provocação (como é peculiar ao professor) fora o suficiente para a motivação deste trabalho. Fiquei remoendo a afirmação durante alguns anos, questionando-me: será que é mesmo verdade? Há a possibilidade de formalização da questão temporal envolvendo decadência e prescrição?

O convite à discussão está feito sendo este o escopo deste trabalho.

CAPÍTULO 1

CONHECIMENTO E LINGUAGEM

1.1 O ato de conhecer

Serão infrutíferas as discussões que iremos travar se não fincarmos premissas sólidas, indicativas de nossa visão sobre o mundo social aliado ao mundo do Direito, ambos virtuais.

Na busca da interação tempo-direito e de suas consequências jurídicas, portanto normativas, necessitamos ir às raízes histórico-filosóficas do conceito de *tempo*, aliado a fortes premissas conceituais sobre o Direito da forma como o "enxergamos".

Esse é nosso método de aproximação na descoberta conceitual do tempo jurídico, já que conhecer o objeto sem método é não conhecê-lo. Nesse sentido, Fabiana Del Padre Tomé destaca que o "[...] eventual descaso pelo método, decorrente da ânsia de oferecer farta cópia de informações, acaba por impedir o conhecimento"[1].

Robson Maia Lins destaca a necessidade de seleção conceitual de premissas como passo inicial ao conhecimento quando afirma "[...] que a postura de escolha dos conceitos

---

1. TOMÉ, F. P. Vilém Flusser e o constructivismo lógico-semântico. In: HARET, F.; CARNEIRO, J. (Coords.). *Vilém Flusser e juristas*: comemoração dos 25 anos do grupo de estudos de Paulo de Barros Carvalho. São Paulo: Noeses, 2009. p. 322.

fundamentais úteis à investigação envolve, inevitavelmente, uma pré-compreensão em relação ao objeto de estudo [...]"[2].

Comecemos, portanto, com a noção de *conhecimento*. Conhecimento é juízo; proposição a respeito de um determinado objeto.

Aurora Tomazini de Carvalho ensina que o conhecimento se dá pela aquisição da consciência sobre algo a ser conhecido. Nos seus termos:

> Caracteriza-se, o conhecimento (na sua redução mais simples), como a forma da consciência humana por meio da qual o homem atribui significado ao mundo (isto é, o representa intelectualmente). Neste sentido, conhecer algo é ter consciência sobre este algo, de modo que se perder a consciência o ser humano nada mais conhece[3].

Paulo de Barros Carvalho, por sua vez, afirma que o conhecimento "consubstancia-se na apreensão do objeto mediante ato específico e forma correspondente"[4].

É imprescindível, assim, que o ato de conhecer se realize em face da peculiar forma de aproximação do objeto pretendente ao conhecimento, entendendo que o resultado de tal esforço intelectual seria a construção mental (e depois enunciada) de proposições acerca das percepções apreendidas. É evidente para nós que a aproximação não se dá sobre o objeto real, mas sim sobre a visão social-linguística do objeto, já filtrado culturalmente e sintetizado em sua singular denominação.

Nessa linha, não vemos distinção entre conhecimento teórico ou prático: ou se toma consciência do objeto em toda

---

2. LINS, R. M. *Controle de constitucionalidade da norma tributária*: decadência e prescrição. São Paulo: Quartier Latin, 2005. p. 42.

3. CARVALHO, A. T. *Curso de teoria geral do direito*. 2. ed. São Paulo: Noeses, 2010. p. 6.

4. CARVALHO, P. B. *Direito tributário, linguagem e método*. 6. ed. São Paulo: Noeses, 2015. p. 12.

sua dimensão passível de apreensão pelo sujeito ou nada se pode afirmar sobre ele.

Referindo-se a Pontes de Miranda, ao tratar das dimensões do conhecimento Paulo de Barros Carvalho destaca: "[...] não há diferença entre a teoria e a prática, mas aquilo que existe é o conhecimento do objeto; ou se conhece o objeto ou não se conhece o objeto"[5].

Nesse sentido, teoria e prática nada mais são que ângulos de observação diversos sobre o mesmo objeto (filtrado e reduzido em face de sua denominação). São facetas indissociáveis e complementares ao seu entendimento, tornando inócuas quaisquer tentativas de conhecimento dissociado e analítico sobre aspectos absolutamente teóricos ou práticos.

Mas conhecer o objeto não significa adquirir consciência de algo no mundo do ser (objeto real em toda sua universalidade de detalhes), mas emitir juízo por uma versão linguística identificável e, portanto, apreensível e redutora da heterogeneidade universal do objeto. Aliás, não poderíamos afirmar que tomamos conhecimento de objetos "reais" do mundo, pois, na verdade, ao emitirmos um juízo sobre quaisquer deles, o fazemos denominando-os, o que, obrigatoriamente, realiza um filtro de linguagem redutor sobre o objeto a ser conhecido. Conhecemos o aspecto sociolinguístico do objeto. Nós não conseguimos apreender o mundo "real" em sua heterogênea diversificação material. Denominando os objetos, fazemos um corte ficcional homogêneo e com sentido para nós do que observamos, o que faz com que conheçamos o mundo "social", muito mais reduzido que o complexo heterogêneo mundo "real", nunca alcançável de forma absoluta.

Tácio Lacerda Gama[6] explica que a relação de conhecimento não se estabelece com a coisa em si, mas somente com

---

5. CARVALHO, P. B. *Direito tributário, linguagem e método*. 6. ed. São Paulo: Noeses, 2015. p. 6.

6. GAMA, T. L. Sentido, consistência e legitimação. In: HARET, F.; CARNEIRO, J. (Coords.). *Vilém Flusser e juristas*: comemoração dos 25 anos do grupo de estudos

a significação contextualizada que as coisas representam, sempre restrita aos limites culturais do observador. O ato de conhecer não prescinde de diálogo do texto-contexto que cerca objetos, pessoas e circunstâncias.

Assim, firmamos o entendimento de que o ato de conhecer não nos aproxima da essência dos objetos como eles estão no chamado "mundo real", mas nos permite enunciar construções linguísticas que formulam redutoras e particulares proposições sobre a representação linguística que fazemos do objeto percebido. É uma organização homogeneizante linguística de nossa percepção do que nos cerca.

Sobre redução de complexidades do heterogêneo mundo-do-ser, destaca Paulo de Barros Carvalho que "[...] reduzir as complexidades do objeto da experiência é uma necessidade inafastável para se obter o próprio conhecimento"[7].

Com isso, o conhecimento empresta homogeneidade fáctica à heterogênea "realidade" também fáctica sobre os objetos percebidos. Tal organização homogênea (na verdade, uma construção organizacional) surge quando denominamos o que percebemos e apreendemos. Só percebemos o que denominamos, e quando o fazemos reduzimos as características do objeto, pois nossa percepção sempre é culturalmente parcial.

Aurora Tomazini de Carvalho afirma que: "Assim, não há uma correspondência entre a linguagem e o objeto, pois este é criado por ela. A linguagem, nesta concepção, passa a ser o pressuposto por excelência do conhecimento"[8].

Nessa linha de raciocínio, há uma intrínseca relação entre *linguagem* e *conhecimento*; entre *linguagem* e *realidade do*

---

de Paulo de Barros Carvalho. São Paulo: Noeses, 2009b. p. 231.

7. CARVALHO, P. B., 2015, p. 8.

8. CARVALHO, A. T., 2010, p. 14.

mundo social. Realidade como Vilém Flusser a define: "[...] como aquilo que pode ser apreendido e compreendido."[9].

A limitação cultural sobre o conhecer o mundo, sobre sua realidade e sua verdade não escapam a Vilém Flusser, que destaca:

> Descobriremos mesmo que o conhecimento absoluto, a realidade fundamental e a verdade imediata não passam de conceitos não somente ocos, mas também desnecessários para a construção de um cosmos, e que, neste sentido, as objeções podem ser aceitas. Neste sentido um tanto restrito do cosmos, continuará válido o nosso esforço de compreendê-lo, governá-lo e modificá-lo; e a nossa vida dentro não terá sido fútil.[10].

Sentencia o autor que "[...] *conhecimento, realidade* e *verdade* são aspectos da língua."[11](grifos no original). Fato que não nos deve causar frustração, mas sim, em primeiro lugar, convencer-nos a aceitar com humildade e respeito que nosso conhecimento sobre as coisas é sempre parcial e, em segundo lugar, que sirva de incentivo à investigação que nos aproxima o mais possível das coisas como socialmente se apresentam nas suas diversas facetas; tendo a consciência, evidentemente, de que o que elas são "realmente" nunca será totalmente compreendido.

1.2 A linguagem e o seu papel

Cabe distinguir, neste momento, *língua, linguagem* e *ato de fala*.

Paulo de Barros Carvalho destaca "[...] língua como sistema de signos, em vigor numa determinada comunidade social, cumprindo o papel de instrumento de comunicação entre

9. FLUSSER, V. *Língua e realidade*. 3. ed. São Paulo: Annablume, 2007. p 245.

10. Ibidem, p 32.

11. Ibidem, p 33.

seus membros."[12]. Presta-se a fins comunicacionais, portanto, servindo como instrumento de relação significativa, naturalmente convencionada por determinado grupo em destacadas coordenadas espaço-temporais. Assim, a língua pode ser entendida como "[...] instituição e sistema"[13].

Entendemos, como Paulo de Barros Carvalho[14], que *signo* seria a unidade relacional permissiva da comunicação inter-humana, perfazendo um tripé comunicacional envolvendo: **(i) suporte físico** (a palavra como "mancha de tinta" representativa de objeto pretendente ao conhecimento); **(ii) significação** (o conceito do objeto na mente do observador) e **(iii) significado**, entendendo como a significação enunciada.

Ensina o professor que a fala seria "[...] ato individual de seleção e de atualização [...]"[15] da língua. A fala é a língua em ação.

Por sua vez, linguagem seria a "[...] capacidade do ser humano para comunicar-se por intermédio de signos cujo conjunto sistematizado é a língua."[16].

Temos, então, a linguagem como língua articulada, como plataforma estruturante da língua, cuja articulação atualizadora seria a fala. Daí a conclusão de Paulo de Barros Carvalho[17] de que a língua seria a linguagem menos a fala.

Assim se posiciona Paulo de Barros Carvalho sobre o papel da linguagem no processo de busca do conhecimento:

> [...] diante de um objeto de arte, reparo traços e movimentos que não estão expostos ao olhar frio e neutro do espectador comum, e sobre eles emito um juízo de valor, expressivo de minhas

12. CARVALHO, P. B., 2015, p. 31.

13. Idem, 2009, p. 32.

14. Ibidem, loc. cit.

15. Ibidem, loc. cit.

16. Ibidem, loc. cit.

17. Ibidem, loc. cit.

> preferências. Eis o conhecimento se apresentando, na forma superior do emocional, mas igualmente declarado por um juízo lógico.[18].

Os valores do observador no ato de conhecer condicionam o seu ângulo de observação, sendo essencial o papel da linguagem na emissão de juízos sobre o objeto pretendente ao conhecimento.

Aurora Tomazini de Carvalho, no mesmo sentido:

> Não existe mais um mundo "em si", independente da linguagem, que seja copiado por ela, nem uma essência nas coisas para ser descoberta. Só temos o mundo e as coisas na linguagem; nunca "em si". Assim, não há uma correspondência entre a linguagem e o objeto, pois este é criado por ela. A linguagem, nesta concepção, passa a ser o pressuposto por excelência do conhecimento[19].

Em suma, o ato de conhecer é sempre socialmente mediato (e não imediato) em face do objeto pretendente ao conhecimento. É a intermediação da linguagem carregada das peculiares características culturais daquele que observa e das influências do meio social em que o observador e objeto se encontram. É procedimento de construção linguística individual a respeito de traços linguísticos também peculiares e convencionais percebidos e apreendidos pelo pretendente ao conhecimento. O resultado deste ato de conhecer (parcial porque cultural) é o que denominamos de *conhecimento*.

Sem linguagem não há como identificar o objeto, pois não percebemos o que não denominamos. Sem linguagem não há mundo a ser percebido. As percepções sobre o desejado objeto a ser conhecido tornam-se, para o observador, "*reais*" (linguisticamente) com a enunciação por meio de proposições, na emissão de juízos a respeito do objeto.

---

18. CARVALHO, P. B., 2015, p. 13.

19. CARVALHO, A. T., 2010.

Dentre as funções da linguagem, destacamos três que nos interessam neste trabalho: declarativa, prescritiva e performativa.

A função declarativa é descritiva de acontecimentos, é "[...] a linguagem própria para a transmissão do conhecimento (vulgar ou científico) e de informações das mais diferentes índoles [...]"[20], nos termos de Paulo de Barros Carvalho. Seus valores são aléticos, de verdade ou de falsidade. É também a linguagem da Ciência do Direito, como veremos mais adiante.

A função prescritiva de condutas é a linguagem própria da "[...] expedição de ordens, de comandos, de prescrições dirigidas ao comportamento das pessoas."[21]. É a linguagem própria do Direito como sistema normativo. Suas valências não são de verdade ou de falsidade, mas sim de validade ou de invalidade (pertinência ou não ao sistema prescritivo continente).

A função performativa da linguagem não tem como escopo imediato a informação, mas sua utilização é a de "[...] concretizar alguma ação."[22]. Sua função é qualificadora de situações fáticas. Tem como suporte o sistema normativo que lhe possibilita tais efeitos qualificadores.

Temos a função performativa, como exemplo, na frase: "Eu vos declaro marido e mulher", em que a condição jurídica de solteiro é alterada com força de ação pela declaração acima, portanto, com força performativa qualificadora de solteiro para casado. Isso porque o agente enunciante e o procedimento enunciativo restam previstos em veículo normativo que lhe emprestam força qualificativa. E se fala é ação, temos, na função performativa da linguagem, atos de fala qualificadores; essenciais, ao lado daqueles com função prescritiva, para a compreensão dos atos de fala utilizados nas categorias de decadência e de prescrição.

---

20. CARVALHO, P. B., 2015. p. 40.

21. Ibidem, p. 41.

22. Ibidem, p. 44.

Voltamos a questionar o que seriam *realidade* e *verdade* sob o filtro cultural-linguístico.

1.3 A linguagem construindo a sua "realidade"

A "realidade" como fato bruto (mundo-do-ser), já vimos, é inatingível, pois a barreira instransponível da linguagem age na identificação de um objeto, como um filtro cultural redutor de suas reais características naturais.

Percebe-se sempre parcialmente o objeto em face da particular associação linguística que lhe é atribuída. Os limites do parcial conhecimento são os limites do sujeito cognoscente e de suas condições culturais de percepção de mundo. A "realidade" como dado bruto do mundo-do-ser, com toda sua riqueza de detalhes, resta inatingível.

Nessa linha, destaca Vilém Flusser:

> [...] A língua deve ser aceita como o dado bruto por excelência, e suas regras devem ser aceitas como a estrutura da realidade. O conhecimento é resultado da observação dessas regras. A verdade absoluta, isto é, a correspondência entre língua e realidade *em si*, é tão inarticulável quanto o é essa realidade *em si*.[23].

A única "realidade" a que temos acesso é a social, que é homogênea e reduzida. O mundo-do-ser, como produto de conhecimento, não nos resta percebido senão por intermédio da linguagem, mas não de qualquer linguagem, e sim da peculiar pertencente ao agente pretendente ao conhecimento. A percepção do mundo que o cerca torna-se limitada e reduzida por meio dos horizontes de sua cultura expressos pelo seu repertório linguístico.

Portanto, o grau de aproximação dos objetos do mundo-do-ser; da chamada "realidade do mundo" dá-se nos estreitos limites da linguagem; por isso, **é** uma realidade meramente

23. FLUSSER, 2007, p. 94-95.

social, tanto em face da percepção do que é captado pelo sujeito cognoscente como no curso do processo investigativo (construtivo) de conhecimento (que também é linguístico, como vimos acima).

Toda percepção é social, pois passa pelo redutor canal da linguagem, cuja característica é reduzir o caótico mundo circundante.

Nesse sentido, Ludwig Wittgenstein declara que "os limites da minha linguagem significa os limites do meu mundo"[24]. Afirmação que consideramos válida, apesar das críticas a esse respeito. O mundo existe fora do ser, é evidente. Mas se não o percebo, como saber que ele existe? É uma questão de sistema de referência. Para o homem, a "realidade" do seu mundo é a que ele denomina, portanto, é o que percebe. O que ele não denomina não faz parte de sua "realidade" porque ele simplesmente não sabe que existe.

Assim, se a linguagem é representativa do *eu*, se é a expressão do *eu*, então, não é possível ultrapassar seus limites, pois não se pode conceber a ultrapassagem de si mesmo. Não tenho a possibilidade de ultrapassar os limites culturais da minha linguagem.

A linguagem encontra seus limites nos limites do pensamento. É limitada a apreensão do mundo pelo pensamento, pois este é limitado, como já vimos, pela linguagem (fruto de alcance cultural); então, a percepção (ou compreensão) do mundo também esbarra nos limites permitidos pela linguagem.

Só é possível captar o que a linguagem permite identificar e classificar; as outras coisas estão fora do alcance da compreensão humana. O homem é seu próprio limite do que é possível apreender do mundo. Com isso, a linguagem que é representativa do *eu*, representa também o mundo particular

---

24. WITTGENSTEIN, L. *Tratado lógico-filosófico investigações filosóficas*. 2. ed. Lisboa: Serviço de Educação Fundação Calouste Gulbenkian, 1995. p. 114.

(que é o único mundo para cada pessoa, pois não se apreende o não mundo ou o mundo exclusivo de outro *eu*). Nessa ótica, sistemas de referência tornam-se cruciais ao conhecimento, por propiciar cortes políticos e ideológicos na "realidade" social (frutos da livre escolha do homem), transformando o "real"-heterogêneo do mundo-do-ser em ideal-homogêneo capaz de ser apreendido.

Nesse contexto, onde estaria a verdade? Existe verdade absoluta? Consegue-se chegar à denominada "verdade real"?

1.4 Em busca da verdade possível

Vilém Flusser afirma que "[...] A verdade absoluta, se existe, não é articulável, portanto, não é compreensível."[25]. O que corrobora o entendimento do "mundo real" ser inalcançável em relação aos seus fatos brutos.

Mas o professor indica o caminho, destacando que "[...] a verdade é uma correspondência entre frases ou pensamentos, resultado das regras da língua"[26], tendo em vista que a aproximação do objeto é aproximação de palavras. Enunciam-se palavras sobre outras palavras que são representações linguísticas aceitas por convenção. Não é possível ultrapassar a barreira linguística peculiar a quem pretende enunciar "uma verdade".

Considerando a única verdade possível, a obtida pela correspondência entre proposições, temos que o produto da investigação da *verdade dos fatos* se restringe, assim, à mera comparação estruturada e hierarquizada de proposições equivalentes. Mera comparação de palavras redutoras do heterogêneo universo de características dos objetos pretendentes ao conhecimento.

---

25. FLUSSER, 2007, p. 48.

26. Ibidem, loc. cit.

Assim também se posiciona Fabiana Del Padre Tomé quando preleciona que "[...] a verdade não se dá pela relação entre a palavra e a coisa, mas entre as próprias palavras, ou seja, entre linguagens"[27].

Em conclusão, nunca alcançaremos a verdade absoluta sobre o mundo que nos cerca. Temos acesso a "verdades parciais", condicionadas pelo nosso singular repertório linguístico e que dão acesso a vestígios, também linguísticos, sobre o objeto pretendente ao conhecimento. Todas as "verdades" e "realidades" enunciadas são relativas e parciais, são meras construções intelectuais que buscam, dentro do caos heterogêneo do mundo circundante, homogeneizá-lo, utilizando estruturas linguísticas padronizadas em nossas mentes.

1.5 Sem método o conhecimento é desconhecimento

A adoção de métodos para conhecer o mundo é crucial ao seu sucesso. O método tem caráter objetivo; a escolha do método é subjetiva, ideológica. A padronização procedimental é determinante ao conhecimento, tanto para que seja dada credibilidade aos resultados, como para o sucesso de se encontrar uma "verdade" possível e coerente em face das premissas metodológicas adotadas.

Aurora Tomazini de Carvalho ensina que a utilização de um método determinante, de um modelo inicial, sempre recheado de premissas, reduz a complexidade do objeto a ser conhecido, devendo-se permanecer fiel a ele durante todo o percurso do conhecer, a fim de que "[...] suas proposições tenham sentido e coerência"[28]. Ausentes premissas metodológicas, temos que o conhecimento estará fadado ao desconhecimento, à complexa - e talvez impossível - apreensão. Sem método, resultados sobre o objeto pretendente ao conhecimento refletirão puro desconhecimento.

---

27. TOMÉ, F. P. *A prova no direito tributário*. São Paulo: Noeses, 2005. p. 15.

28. CARVALHO, A. T., 2010, p. 46.

1.6 Sobre "enunciação", "enunciação-enunciada" e "enunciado-enunciado"

Ainda na busca de suporte às posteriores discussões e conclusões sobre o aspecto temporal nas categorias decadência e prescrição, aprofundemos com cautela a questão dinâmica dos *atos de fala*, mais propriamente a distinção entre *enunciação, enunciação-enunciada* e *enunciado-enunciado.*

José Luiz Fiorin atribui à *enunciação* a significação de "[...] ato produtor do enunciado."[29]. É atividade linguística daquele que fala, em determinados momento e lugar.

Suas marcas procedimentais históricas e subjetivas são conhecidas pelo seu produto (produto da enunciação como ato de fala), denominado enunciação-enunciada. É texto objeto da enunciação e, nos termos de José Luiz Fiorin "[...] é o conjunto de marcas, identificáveis no texto, que remetem à instância de enunciação."[30].

Por sua vez, o ato de fala enunciativo (a enunciação) apresenta mais um produto: o enunciado-enunciado que seria "[...] a sequência enunciada desprovida de marcas de enunciação.". Seria o objeto da enunciação sem as suas referências procedimentais, subjetivas ou espaço-temporais.

Feita a distinção, passemos a outras premissas necessárias à compreensão do objeto "direito".

---

29. FIORIN, J. L. *As astúcias da enunciação*: as categorias de pessoa, espaço e tempo. 2.ed. São Paulo: Editora Àtica, 2002. p. 31.

30. Ibidem, p. 36.

CAPÍTULO 2

DIREITO: premissas

2.1 Ciência do Direito, Direito Positivo e Direito como sistema normativo: uma questão de níveis de linguagem

O Direito é sistema cultural linguístico; logo, Direito é linguagem. Direito Positivo seria o texto enunciado, manchas de tinta sobre o papel, organizadas distintamente em veículos normativos e estruturadas em capítulos, artigos, alíneas e incisos. Direito como sistema normativo é fruto de construção mental, estruturado por proposições mentais formalmente dispostas: as normas jurídicas.

Temos como sistema o conjunto de elementos linguísticos inter-relacionados mediante determinada e exclusiva forma, emprestando-lhe peculiar identidade: sistema social; sistema do direito tributário, do direito penal; sistema moral; sistema religioso; sistema contábil etc.

A conjugação normativa da estrutura dos sistemas é responsável pela introdução, permanência e exclusão de seus elementos. Assim, o conceito de sistema distancia-se do mero aglomerado caótico e não estruturado de elementos. Estrutura inter-relacional dos seus elementos caracteriza o sistema.

Denominamos diferentemente os sistemas fazendo sua identificação em face da estrutura racional e inter-relacional dos elementos seus componentes, que serve, como leciona

Paulo de Barros Carvalho, como "princípio unificador"[31] e, portanto, identificador do próprio sistema.

Em face do nível linguístico, destacamos, assim, duas significações possíveis para o termo *direito*: como ciência (com sua metalinguagem) e como sistema normativo (com sua linguagem objeto).

A Ciência do Direito utiliza linguagem que "fala" descritivamente sobre a linguagem objeto do Direito como sistema normativo. Essa é sua característica como metalinguagem. Assim, suas proposições são enunciados aléticos, descritivos, que enunciam proposições verdadeiras ou falsas àqueles que se aproximam sobre o Direito com o fim de enunciá-lo. É a linguagem própria da causalidade científica que se formaliza na estrutura "SE algo, ENTÃO É outro algo." É a linguagem da doutrina e da jurisprudência não vinculante.

A linguagem do Direito como sistema normativo é formalmente mista: declaratória em seu antecedente descritor de eventos futuros possíveis, ou de fatos passados, e prescritora de possibilidades gerais de relações jurídicas ou de individuais relações jurídicas estabelecidas.

Assim, estamos com Paulo de Barros Carvalho[32] quando nos ensina que os termos e as expressões admitem várias significações, seja em face de frequentes ambiguidades ou vaguezas significativas, seja levando-se em consideração o contexto normativo e social em que se apresentam.

Temos que a palavra *direito* não foge à regra. Destacamos duas de suas possibilidades significativas: **(i)** como ciência e **(ii)** como conjunto normativo. Como vimos, o Direito como ciência possui marcas linguísticas descritivas, cujo objeto enunciado seria o sistema linguístico prescritivo do chamado "direito como conjunto normativo". Assim, o objeto do

---

31. CARVALHO, P. B., 2015, p. 214.

32. CARVALHO, P. B. *Curso de direito tributário*. 23. ed. São Paulo: Saraiva, 2011. p. 38.

sistema da **Ciência do Direito** é o sistema do **direito normativo (prescritivo).**

Ciência do Direito é, assim, um conjunto organizado de estruturas formais aléticas (fruto de observações) que tem no **direito como sistema normativo** seu objeto finalístico de conhecimento; não no intuito de modificá-lo ou de regular comportamentos, mas simplesmente de descrevê-lo. Utiliza linguagem exclusivamente descritiva (metalinguagem ou linguagem de sobrenível) sobre o objeto *direito normativo* em análise,

Não entendemos que metalinguagem atue diretamente sobre o denominado *direito positivo* como texto. O doutrinador, na sua descrição científica, utiliza a plataforma do texto jurídico como base e, a partir do texto (Direito Positivo) ele constrói em sua mente formalizações deônticas ou "toma emprestado" as já construídas por agentes competentes (SE algo, ENTÃO DEVE-SER outro algo). Dessa base normativa, por ele construída mentalmente ou já construída por outros, faz sua enunciação, declarando que para aquele determinado ente, em determinado momento e local, a norma lá construída é: SE algo, ENTÃO É outro algo.

Assim também é a jurisprudência como metalinguagem que se debruça sobre a linguagem normativa prescritiva dos tribunais e que enuncia descritivamente suas estruturas formalizadas. Exemplificando: para o STF, STJ, TJs o entendimento jurisprudencial para esta situação é: **SE algo, ENTÃO É outro algo.** O mesmo raciocínio empreendemos para as súmulas não vinculantes: todas estruturadas em linguagem de cunho descritivo.

Em face dessa linguagem descritiva da Ciência do Direito é que Paulo de Barros Carvalho[33] aponta suas proposições apenas com valências de falsidade ou de verdade, e não de validade ou de invalidade.

As enunciações científicas (normas apofânticas da Ciência do Direito) são construídas em face da observação imediata dos

33. CARVALHO, P. B. *Curso de direito tributário*. 23. ed. São Paulo: Saraiva, 2011. p. 36.

elementos do sistema jurídico normativo e mediatamente do direito positivo, como texto. Por sua vez, os elementos do Direito, como sistema normativo de linguagem prescritiva, são estruturas formais bimembres (normas jurídicas), construídas por descrições em seu antecedente e prescrições em seu consequente, cujas possibilidades de pretensão de conduta são apenas três: a de obrigar, a de proibir ou a de permitir. A ligação entre antecedente descritor e consequente prescritor é feita pelo conector deôntico "dever-ser" não modalizado: Se algo, **ENTÃO DEVE-SER** uma proibição, uma permissão ou uma obrigação.

Como bem afirma Paulo de Barros Carvalho[34], se os valores enunciados nas normas da Ciência do Direito são os de falsidade ou de verdade, temos que os do Direito como sistema normativo prescritivo são os de pertinência ou não pertinência ao sistema jurídico.

Destacamos algumas diferenças entre Ciência do Direito e Direito como sistema normativo prescritivo:

CIÊNCIA DO DIREITO **(metalinguagem)**	**DIREITO como sistema normativo prescritivo** **(linguagem objeto)**
É enunciada por meio de linguagem descritiva científica: **metalinguagem.**	É enunciada em linguagem predominantemente **prescritiva,** com escopo de regular o comportamento social. É linguagem objeto em relação à Ciência do Direito.
Tem como objeto imediato o Direito como sistema normativo prescritivo e mediato o texto do direito positivo. Formada por enunciados aléticos ou apofânticos: ***SE algo, ENTÃO É outro algo.***	Enunciados que se relacionam de forma deôntica pretendendo direcionar a conduta humana na busca da solução dos conflitos: Se algo, **ENTÃO DEVE-SER:** uma proibição, uma permissão ou uma obrigação.
Admite somente valores de verdade ou de falsidade. É o **mundo empírico do ser** e não do **dever-ser.**	Admite somente valores de validade ou invalidade a seus elementos em relação ao sistema jurídico. Portanto, **a linguagem objeto,** própria do Direito como sistema normativo, sobrevive no mundo do **dever-ser.**

34. CARVALHO, P. B. *Curso de direito tributário*. 23. ed. São Paulo: Saraiva, 2011. p. 35-36.

2.2 Sobre a norma jurídica

Os elementos do Direito como sistema prescritivo são as normas jurídicas. Paulo de Barros Carvalho ensina que normas jurídicas são "[...] significações construídas a partir dos textos positivados e estruturadas consoante a forma lógica dos juízos condicionais, compostos pela associação de duas ou mais proposições prescritivas"[35].

Com isso, temos que norma jurídica é estrutura, deonticamente formalizada, resultado de construção mental em face da literalidade textual do direito positivo. À descrição de um evento possível ou de um fato supostamente ocorrido (situação ou conduta possível no mundo social, mundo do ser), temos a imputação (causalidade jurídica) prescritora de possíveis relações jurídicas ou de relação jurídica já individualizada e modalizada em obrigação, permissão ou proibição.

A norma jurídica, como construção mental, não respeita limites físicos e topológicos como alíneas, incisos, artigos ou mesmo outros textos legais, na busca construtiva de significações normativas contextualizadas.

2.2.1 Fontes do Direito

Paulo de Barros Carvalho conceitua fontes do direito como "[...] focos ejetores de regras jurídicas, isto é, os órgãos habilitados pelo sistema para produzirem normas, numa organização escalonada, bem como a própria atividade desenvolvida por essas entidades, tendo em vista a criação de normas."[36]

Por sua vez, Tárek Moysés Moussallem preleciona que *fonte do direito* é "[...] o *fato-enunciação* que, apesar de não ser 'jurídico', é 'fato', uma vez que se trata de ação (criar normas) realizada mediante linguagem (função performativa – atos de fala)."[37]

---

35. CARVALHO, P. B., 2015, p. 136.

36. CARVALHO, P. B., 2015, p. 436.

37. MOUSSALLEM, T. M. *Fontes do direito tributário*. 2 ed. São Paulo: Noeses, 2006. p. 220.

Fontes do direito são atividades de produção normativa, atos de fala enunciativos e performativos ("fatos enunciação"[38]), cujos produtos são enunciados prescritivos veiculados por instrumentos legais de toda ordem.

Por sua vez, os enunciados prescritivos criados pelas fontes do direito são de duas modalidades:

a) **Enunciação-enunciada:** produto da enunciação, trazendo sua historicidade de criação (agente competente, procedimento previsto pelo ordenamento, local em que se dera o procedimento enunciativo e publicidade). É fato jurídico que traz as marcas da enunciação, as marcas da fonte do direito.

A enunciação-enunciada é antecedente normativo concreto ligado deonticamente a consequente relacional dirigido de forma subjetiva não específica, prescrevendo o dever de todos reconhecerem que os produtos criados pela fonte enunciativa são normas do sistema jurídico.

Tal norma geral e concreta assim posta é denominada "veículo introdutor normativo", contextualizando juridicamente a criação de outras normas denominadas enunciados-enunciados (indicando sua fonte enunciativa). A norma geral e concreta do "veículo introdutor" fornece condições de cumprimento ao prescrito pelos enunciados-enunciados, pois a indicação da fonte enunciativa ali construída da enunciação-enunciada limita e condiciona segmento subjetivo específico.

O "veículo introdutor normativo" é, portanto, **norma geral e concreta** e a enunciação-enunciada é seu fato jurídico correlato **e não fonte do direito,** que se caracteriza pelo procedimento de enunciação.

b) **Enunciado-enunciado:** normas jurídicas também produto da enunciação, sendo seu suporte físico artigos, incisos, alíneas e parágrafos enunciados. Sua condição de

38. MOUSSALLEM, T. M. *Fontes do direito tributário*. 2 ed. São Paulo: Noeses, 2006. p. 139.

aplicação/incidência é dependente da identificação dos elementos da sua fonte produtora e que se encontram na enunciação-enunciada do veículo introdutor correlato.

2.2.2 Sobre a validade

A validade de norma jurídica é indicativa de seu prazo de duração no sistema jurídico. Se a norma existe para o sistema, então é válida; se válida, então existe para o sistema jurídico porque a ele pertence. O ingresso da norma no sistema jurídico, ou seja, sua validade ou relação de pertinência necessita de agente credenciado juridicamente, procedimento legalmente previsto e não menos necessário: a publicidade.

Cristiano Carvalho ensina que:

> A norma jurídica pode ser vista como um ato de fala, de força ilocucionária diretiva, que uma vez emanado pelo órgão competente, através de procedimento previsto, ingressa no sistema comunicacional jurídico. Para que ingresse no sistema é imprescindível, todavia, o requisito da publicidade através de um canal específico (Diário Legislativo, Diário da Justiça, notificação do ato administrativo, etc.)[39].

A publicidade faz parte do procedimento de enunciação feita pelo agente competente da estrutura normativa implicacional.

A relação de pertinência, característica da validez, não passou despercebida a Paulo de Barros Carvalho, quando destaca que:

> [...] as normas jurídicas, proposições prescritivas que são, têm sua **valência própria.** Delas não se pode dizer que sejam verdadeiras ou falsas, valores imanentes às proposições descritivas da Ciência do Direito, **mas as normas jurídicas serão sempre válidas ou inválidas,** com referência a um determinado sistema

---

39. CARVALHO, C. *Ficções jurídicas no direito tributário.* São Paulo: Noeses, 2008. p. 176.

> "S"... A **validade** não é, portanto, atributo que qualifica a norma jurídica, tendo status de relação: é o **vínculo** que se estabelece entre a proposição normativa e o sistema do direito posto, de tal sorte que ao dizermos que **u'a norma "N" é válida, estaremos expressando que ela pertence ao sistema "S".**[40] (g. n.).

Direito não é pessoa; não tem olhos, nariz ou boca. É construção intelectual vertida em linguagem normativa prescritiva, que faz ingressar em seu sistema fatos sociais (morais, econômicos, financeiros, religiosos e até cardíacos) com roupagem jurídica se internalizados por meio de códigos reconhecíveis pelo próprio Direito e por meio da estrutura linguística que ele mesmo criou. Como não tem órgãos do sentido, ele não reconhece nem toca o mundo social, a não ser na forma que o legislador o preparou para receber e para internalizar mensagens externas, qualificando-as como *jurídicas*.

Nesse sentido, Lourival Vilanova explica que "[...] *Não há fato jurídico 'fora' de sistema normativo.* É o sistema que decide que fatos são fatos jurídicos (juridicização do fáctico), e que fatos deixam de ser jurídicos (desjuridicização do fáctico)"[41]. A seleção feita pelo sistema é hipotética normativa. Se o fato social estiver previsto em hipótese normativa em todos seus aspectos (material, temporal e espacial), temos que tal é escolhido pelo sistema e, portanto, qualificável como jurídico. Se não houver o "encaixe" linguístico, então será mero fato social; porém, não jurídico.

Tárek Moysés Moussallem destaca que: "(1) sem linguagem não há realidade social (nem natural); (2) sem linguagem não há direito (objeto) e (3) sem linguagem não há conhecimento; logo, sem linguagem não há Ciência do Direito"[42]. E completa: "O direito pertence à classe dos fatos culturais e, como tal, encontra-se necessariamente plasmado em uma linguagem: a linguagem em sua função prescritiva,

---

40. CARVALHO, P. B., 2015, p. 464-465.

41. VILANOVA, Lourival. *Causalidade e relação no direito.* 5 ed. São Paulo: Noeses, 2015, p.27.

42. MOUSSALLEM, 2006, p. 22.

objetivada em um corpus identificável na variedade dos textos normativos [...]"[43].

O não contato direto do mundo social com o mundo jurídico é ponto de concordância entre aqueles que partilham do mesmo sistema de referência que estamos apresentando. Hoje podemos afirmar que o mundo ao nosso redor só é reconhecível mediante denominação, portanto, mediante linguagem; esta constitui a "realidade" perceptível. O direito como espécie de sistema social só reconhece o mundo através dos seus códigos padronizados para internalização, que são os antecedentes descritivos das normas jurídicas. Portanto, direito é linguagem.

Afirma, ainda, Tárek Moysés Moussallem "[...] a linguagem prescritiva (dever-ser) é irredutível à linguagem descritiva (ser). As funções da linguagem são inconfundíveis e, por isso, incomunicáveis entre si: são jogos linguísticos diferentes, cada qual com suas próprias regras"[44].

Os fatos do mundo social não são automaticamente reconhecidos pelo direito. Nesse sentido Eurico Marcos Diniz de Santi esclarece que "a realidade é algo que não existe para o direito, que constrói sua verdade sobre os fatos para efeito de realizar seu processo de auto-reprodução [...]"[45]. Para tanto, há necessidade de interação comunicacional entre os sistemas social e social-jurídico. Tal interação se dá em face do filtro normativo válido e vigente do sistema jurídico.

2.2.3 Sobre a *autopoiesis*

Os sistemas sociais são dotados, segundo Niklas Luhmann, de capacidade de auto-organização e de *autopoiesis*.

---

43. MOUSSALLEM, 2006, p. 20.

44. Ibidem, p. 21.

45. SANTI, E. M. D. *Decadência e prescrição no direito tributário*. São Paulo: Max Limonad, 2000. p. 44.

Auto-organização como "[...] produção de estruturas próprias, mediante operações específicas."[46]. No sistema jurídico seria o processo de positivação normativa que pela relação dialética fato-norma-fato (fato criando norma e norma fundamentando fato) auto-organiza escalonadamente o sistema de normas abstratas em direção à concretude. A dinamicidade sistêmica é fruto de sua auto-organização.

Por sua vez, a *autopoiesis* ou auto-referência significa "[...] determinação do estado posterior do sistema, a partir da limitação anterior à qual a operação chegou"[47], adquirindo um direcionamento interno possível à autorreprodução.

A autorreferência dos sistemas e, também, do sistema jurídico é caracterizada pelo fato de ele só reconhecer os fatos sociais por meio da sua linguagem própria: a normativa; portanto, se o fato social estiver previsto em interpretação construtiva de texto legal, teremos que tal fato será considerado jurídico e portador dos efeitos próprios dispostos pelo próprio texto legal.

Assim, teremos a existência, para o Direito, de norma jurídica, o que equivale à sua validade. A norma é jurídica se for válida; se é válida, então existe para o sistema jurídico; se não é válida, não existe e não é norma jurídica.

A autopoiese tem como característica a limitação linguística para suas possibilidades de respostas aos estímulos externos. O mundo factual social exterior somente é apreendido pelo sistema jurídico em face do filtro da linguagem normativa válida.

2.2.4 Sobre a vigência

Vigência é atributo de norma jurídica (portanto, válida), que qualifica fatos sociais como jurídicos. É possibilidade

46. LUHMANN, Niklas. *Introdução à teoria dos sistemas*. Petrópolis: Vozes, 2010. p. 112.

47. Ibidem, p. 113.

factual e qualificativa em face da construção factual coincidente em termos materiais (ação ou qualificação) a hipóteses abstratas normativas descritoras de possíveis eventos futuros, assim como possuir marcas espaço/temporais dentro das possibilidades hipotético- normativas.

A qualidade normativa da vigência é **causa imediata** da formação de fatos jurídicos. Arriscamo-nos a dizer, como já o afirmamos em outras oportunidades, que a vigência, sendo **causa imediata** da juridicização de fatos sociais é **causa mediata** dos efeitos provocados por este fato. Na verdade de causalidade jurídica ou implicacional e não causalidade natural. Pois os efeitos jurídicos são eleitos pelo legislador em face de seu entendimento de prevenção ou de solução de conflitos sociais, não levando em consideração a relação natural de causa-efeito.

Entendemos, também, que a vigência tem como pressuposto lógico a validade. Assim, só podemos considerar vigentes normas válidas; até porque, norma inválida nem jurídica é. Por outro lado, a só validade normativa, ausente a qualificação de vigência, não tem o condão de qualificar fatos sociais em jurídicos, como, por exemplo, o interregno da *vacatio legis*. Nesse período, a descrição de fatos sociais, mesmo previstos em hipóteses normativas válidas, não é considerada fato jurídico. Portanto, não produz quaisquer efeitos jurídicos.

É essencial à fundamentação das decisões jurídicas que os fatos sociais motivadores sejam jurídicos, ou seja, estejam previstos em normas jurídicas (portanto válidas) vigentes.

Paulo de Barros Carvalho, no mesmo sentido, leciona que os fatos somente se qualificam como jurídicos *se forem expressões denotativas dos moldes conotativos insertos nas hipóteses normativas*, portanto, previstas linguisticamente no antecedente descritivo de norma abstrata; senão, serão meros fatos sem efeito jurídico algum.

Destaca, ainda, o professor que "[...] essas orações conotativas não abrigam propriamente fatos, mas elementos caracterizadores de eventuais ocorrências fácticas, pelo que, em termos rigorosos, *não devemos dizer que o fato jurídico esteja contido na hipótese*"[48] (grifos no original). Se a hipótese normativa for considerada classe, temos o fato jurídico como um de seus elementos (como índice denotativo).

Sobre definições conotativas e denotativas, Tácio Lacerda Gama destaca:

> As conexões estabelecidas entre significante e significado – a idéia suscitada no intérprete pelo contato com o termo – podem ser percebidas de duas formas, sendo uma chamada de conotativa ou intencional e a outra denotativa ou extensional [...]. A pesquisa pela denotação de um conceito seria aquela que busca perceber que elementos se ajustam às palavras. Já aquela, que põe no centro dos seus interesses as características do conceito, seria o campo da chamada semiótica conotativa[49].

Definir pelos elementos contidos num conjunto é definir denotativamente. Definir em face de seus atributos, características, é definir conotativamente. Conotação e denotação são formas de construções perceptivas, são formas de conhecer. Portanto, se o fato, denotativamente considerado, estiver previsto conotativamente na hipótese normativa vigente, por meio de coincidência verbal e de previsão de suas marcas espaço-temporais nos aspectos hipotéticos correlatos, teremos a qualificação de tal fato como jurídico, portanto, produtor dos efeitos modalizados direcionados pelo consequente implicacional (dever-ser) da norma-hipótese.

Fatos sociais construídos (ou descritos para alguns) são meros fatos. No entanto, se o legislador os escolher como relevantes normativamente, produzirão efeitos e suas possibilidades estarão presentes de forma hipotética em normas válidas e vigentes. Se não estiverem juridicamente ali previstos, por mais relevantes que possam ser para outros sistemas sociais (morais,

48. CARVALHO, P. B., 2015, p. 122.

49. GAMA, 2009b, p. 234.

religiosos, econômicos, contábeis etc.), serão juridicamente irrelevantes e não deverão integrar conteúdos motivadores em face de serem inócuos a produzir quaisquer efeitos.

2.2.5 Ainda sobre a verdade e a realidade: agora no Direito

Sobre a verdade e a realidade jurídicas, Eurico Marcos Diniz de Santi alerta que: "No direito toda verdade é formal. A verdade material é tão-apenas um princípio, um diretivo à conduta da autoridade, que orienta o ato de aplicação do direito"[50].

Nesse sentido, Fabiana Del Padre Tomé também ensina que:

> A doutrina costuma distinguir verdade material e verdade formal, definindo a primeira como a efetiva correspondência entre proposição e acontecimento, ao passo que a segunda seria uma verdade verificada no interior de determinado jogo, mas susceptível de destoar da ocorrência concreta, ou seja, da verdade real[51].
>
> A verdade que se busca no curso de processo de positivação do direito, seja ele administrativo ou judicial, é a verdade lógica, quer dizer, a verdade em nome da qual se fala, alcançada mediante a constituição de fatos jurídicos, nos exatos termos prescritos pelo ordenamento: a verdade jurídica. Daí pro que leciona Paulo de Barros Carvalho que, 'para o alcance da verdade jurídica, necessário se faz o abandono da linguagem ordinária e a observância de uma forma especial. Impõe-se a utilização de um procedimento específico para a constituição do fato jurídico', pouco importando se o acontecimento efetivamente ocorreu ou não. Havendo construção de linguagem própria, na forma como o direito preceitua, o fato dar-se-á por juridicamente verificado e, portanto, verdadeiro[52].

Partilhamos do mesmo entendimento. Não há duas verdades (formal ou material); juridicamente só aceitamos a verdade cujo procedimento estrutural de sua construção factual

50. SANTI, 2000, p. 44.

51. TOMÉ, 2005, p. 23.

52. Ibidem, p. 25.

tenha sido previsto pelo legislador. O método procedimental de busca dessa *verdade lógica* ou *jurídica* é determinado pelo legislador que, supostamente sabendo das necessidades e dos valores da sociedade que representa, elenca rol de ações de fala suficientes à descoberta da única verdade alcançável: a jurídica. Ou se trabalha dentro das regras do jogo ou fora dele. Não há outra possibilidade intermédia. Ou é jurídico o procedimento de busca da "verdade" ou não é.

Na busca da denominada verdade jurídica, sabemos que a única com legitimidade suficiente a produzir efeitos é aquela que, obedecendo a prazos, procedimentos e condições legais, segue a regra do jogo jurídico; aquela que se utilizou de ferramental jurídico permitido dentro do contexto normativo. Não se pode concluir sobre a possibilidade de "existirem" juridicamente duas verdades: a formal ou a material, porém, somente a verdade lógica.

Passar ao largo da teia normativa em nome de pretenso bom senso não é procedimento jurídico permitido, pois se deve utilizar, em vez do puro bom senso (que é individual e, portanto, não coletivo), o senso jurídico; aquele que interpreta razoavelmente em face do contexto social o texto legal.

Verdade de cunho moral, religioso, econômico ou contábil que passa ao largo do ordenamento legal, procedimental, permitido à sua construção não é jurídica. Quando em nome da *verdade material* se descumpre o devido procedimento legal, viola-se o princípio da segurança jurídica na sua versão *previsibilidade* e cria-se um problema com o princípio da igualdade. Resolver um caso peculiar, em nome da pretensa verdade material ou real, cria precedente no sentido de que todos aqueles que estiverem em situação similar possam, ao largo do ordenamento, receber o mesmo tratamento jurídico.

Assim, a *verdade jurídica*, mesmo conscientemente parcial e reduzida, em face de utilização de redutora linguagem normativa, só pode ser alcançada até onde os limites linguísticos do sistema jurídico o permitem.

Destacamos que o direito é um mundo virtual que "navega" somente no plano factual jurídico e não em qualquer outro plano social não previsto por ele. Por isso que a porta de entrada para o sistema normativo é a porta linguística normativa, pois o direito não é sensível a simples fatos traduzidos em linguagem não jurídica.

2.2.6 Sobre a incidência como co-incidência e a simultânea aplicação

Clarice Von Oertzen de Araujo ensina que:

> Em sua representação geométrica mecânica, a incidência foi uma forma que o jurista concebeu para observar a realidade social e jurídica em sua dinâmica; desde a criação dos fatos jurídicos, o desenvolvimento dos seus efeitos até a extinção das relações jurídicas por eles ocasionados."[53].

Incidência normativa é o resultado positivo de comparação linguística entre o fato construído em face dos elementos de prova e o construído como hipótese do texto legal. As marcas denotativas factuais - material (verbo e complemento), temporal e espacial - devem estar previstas em hipótese normativa.

A incidência é coincidência de linguagem. O critério material factual concreto deve coincidir verbalmente com o critério material hipotético e abstrato da norma-matriz, a qual só muda o tempo verbal (futuro, na hipótese; passado, no fato).

Critérios factual, temporal e espacial devem fazer parte do rol possível de aspectos construídos na hipótese descritora normativa. Havendo o encaixe de critérios concretos aos hipotéticos, perfazendo a chamada subsunção do fato à hipótese, teremos a incidência normativa, a incidência como coincidência de linguagens.

---

53. ARAUJO, C. O. *Incidência jurídica:* teoria e prática. São Paulo: Noeses, 2011. p. 109.

Da "co-incidência" entre a linguagem normativa descritora-hipotética (abstrata) e a descritora-factual (concreta) dá-se a chamada subsunção do fato à norma; mais precisamente, do fato à hipótese normativa: o sentido denotativo do fato (descrição de evento individualizado, determinado e possível) encaixa-se no molde conotativo da hipótese factual prevista em norma abstrata. O elemento denotativo factual possui os atributos hipotéticos conotativos.

Aqui se perfaz a qualificação do fato social como jurídico; portanto, produtor de efeitos.

Por sua vez, a aplicação do direito é construção normativa. Ela só pode ser feita pelo homem, pois é linguagem. Quando o homem constrói enunciados factuais, construindo-os, ele está *aplicando* direito, motivo da possibilidade de comparação com a hipótese e de possível descoberta de coincidências.

Portanto, aplicação e incidência são simultâneas. As normas não incidem, são incididas pela atividade de aplicação do homem, mas, apesar de simultâneas, não têm idêntica significação. Incidência não é aplicação. O ato simultâneo de aplicar é que permite a comparação e a possível incidência tributária como coincidência.

Nesse sentido, Paulo de Barros Carvalho ensina:

> Em rigor, não é o texto normativo que incide sobre o fato social, tornando-o jurídico. É o ser humano que, buscando fundamento de validade em norma geral e abstrata, constrói a norma jurídica individual e concreta, na sua bimembridade constitutiva, empregando, para tanto, a linguagem que o sistema estabelece como adequada, vale dizer, a linguagem competente[54].

O ponto culminante da aplicação do direito é a possibilidade de poder fazer a hipótese normativa incidir sobre fatos sociais construídos, resultando como efeito a produção da linguagem da facticidade jurídica (o fato jurídico).

---

54. CARVALHO, P. B., 2015, p. 159.

Portanto, as normas não incidem automaticamente com a simples ocorrência de eventos no mundo social. Esses aguardam seu ingresso no mundo jurídico; quando agente credenciado pelo sistema jurídico dá publicidade a resultado de procedimento também jurídico de criação normativa. Incidência e aplicação estão de mãos dadas; uma sem a outra não subsiste, pois são face e contraface da categoria qualificadora de fatos jurídicos.

2.2.7 Sobre a eficácia técnica

Para a produção de efeitos jurídicos, não deve haver obstáculos à aplicação/incidência normativa.

Quaisquer óbices ao percurso gerativo de fatos jurídicos (obstáculo ao procedimento de coincidência) seria motivo para que houvesse a denominada ineficácia técnica, impedindo que norma jurídica vigente (portanto válida) pudesse qualificar fato social como *jurídico*. Se a norma for ineficaz tecnicamente, teremos a impossibilidade de produção da linguagem da facticidade jurídica e, portanto, não teremos quaisquer efeitos jurídicos.

Paulo de Barros Carvalho[55] ensina que esse obstáculo técnico pode advir da ausência de normas regulamentadoras necessárias ao exercício da vigência, por impossibilidade material da confecção da linguagem descritora do fato jurídico ou, ainda, por existência de norma impeditiva (ordem judicial, por exemplo), tornando a norma vigente ineficaz tecnicamente.

Sobre eficácia técnica, Paulo de Barros Carvalho destaca:

> Sob a rubrica de eficácia técnica vemos a condição que a regra de direito ostenta, no sentido de descrever acontecimentos que, uma vez ocorridos no plano do real-social, tenham o condão de

55. CARVALHO, P. B., 2015, p. 115-116.

> irradiar efeitos jurídicos, já removidos os obstáculos que impediam tal propagação.[56].

Eficácia técnica representa a ausência de obstáculos à qualificação de fatos sociais como jurídicos. Ausência de óbices ao percurso concretizador de normas jurídicas válidas e vigentes.

2.2.8 Sobre a eficácia jurídica

Eficácia jurídica é efeito de fato jurídico. Não é qualidade de norma jurídica incidida. Uma vez qualificados como jurídicos, em face da aplicação/incidência de normas válidas e vigentes, fatos são produtores de efeitos. Os consequentes das normas incididas trazem todas as possibilidades relacionais que serão individualizadas quando da ocorrência de fato jurídico. Cada fato jurídico possui, na norma produzida pela aplicação/incidência, uma possibilidade efectual.

A articulação linguística factual construída é desencadeadora de efeitos implicacionais previstos nos termos consequentes de normas jurídicas. A estes efeitos denominamos *eficácia jurídica.*

A eficácia jurídica produz relação jurídica prevista em norma geral, cuja hipótese abstrata fora concretizada pelo fato jurídico construído.

Efeito jurídico não é garantia de cumprimento da conduta relacional ali pretendida. Há liberdade do homem em dar eficácia social ou não à tal pretensão. O direito garante a pretensão de comportamentos somente, mas não o cumprimento efetivo da conduta pretendida.

2.2.9 Sobre a eficácia social

Com o contingente acatamento da prescrição relacional normativa, temos a denominada *eficácia social.*

---

56. CARVALHO, P. B., 2015, p. 115.

Paulo de Barros Carvalho destaca que "a eficácia social ou efetividade [...] diz com a produção das consequências desejadas pelo elaborador das normas, verificando-se toda vez que a conduta prefixada for cumprida pelo destinatário [...]"[57].

Validade, vigência, incidência, aplicação, eventos, fatos sociais, fatos jurídicos, eficácia jurídica, eficácia técnica e eficácia social, dentre outros, são conceitos jurídicos fundamentais e necessários à compreensão do direito e da relação tempo-direito a que nos propusemos analisar. Ausentes tais premissas, estaríamos a navegar no plano do conhecimento sem rumo, o que implicaria em possível desconhecimento. Passemos à interpretação do direito.

2.3 Interpretando o direito: conceito construtor

Interpretar é construir sentido. Interpretação jurídica ocorre na construção de normas jurídicas em face da literalidade textual do direito positivo. É construção com suporte nos textos legais, escritos, em nosso caso. Portanto, fruto da interpretação são proposições mentais peculiares a quem interpreta. É o direito como sistema proposicional peculiar a quem interpreta.

Fabiana Del Padre Tomé[58] ensina que não se deve confundir normas jurídicas construídas em face de interpretação com seu suporte físico da literalidade textual. Textos são suportes físicos das normas, com as normas não se confundindo. Normas jurídicas são construções mentais que associam a uma hipótese (representativa de ação ou qualificação, concreta ou abstrata,) efeitos relacionais contingentes (gerais) ou individuais.

Direito positivo é o texto legal e sua significação normativa é fruto de construção mental que o sujeito faz ao associar a sua

57. CARVALHO, P. B., 2015, p. 476.

58. TOMÉ, 2009, p. 336.

particular percepção do texto aos significados das palavras ali marcadas. Os significados seriam as denominações de objetos sociais do mundo, restritos aos horizontes culturais do observador.

Paulo de Barros Carvalho destaca que "[...] interpretar é atribuir valores aos símbolos, isto é, adjudicar-lhes significações e, por meio dessas, referências a objetos"[59]. Assim, o percurso interpretativo do direito deve considerar o contexto sociocultural do intérprete, que irá particularizar e restringir as possibilidades interpretativas do texto, a significação do texto.

A constância de método em face do mesmo contexto normativo empresta credibilidade ao produto normativo criado.

2.3.1 O método interpretativo-construtor

Paulo de Barros Carvalho, destaca que a interpretação se inicia com a literalidade textual **(plano S1)**, sendo este "[...] exatamente o mesmo para todos os sujeitos, com independência do lugar e do tempo em que for submetido a exame"[60].

Destaca, ainda, que a seguir, "[...] inicia o intérprete a trajetória pelo conteúdo"[61], construindo mentalmente isolados fragmentos prescritivos **(S2 – enunciados)**, agrupando-os em estruturas formais dotadas de sentido e voltadas "[...] à composição de unidades lógicas determinadas pela presença inafastável das estruturas condicionais"[62] **(S3-normas jurídicas – não contextualizadas)**, inserindo-as em contexto normativo peculiar, integrando normas criadas "[...] nos eixos de subordinação e de coordenação, pois aquelas unidades não podem permanecer soltas, como se não pertencessem à totalidade sistêmica[63] **(S4)**. Toda a dinâmica interpretativa é limitada

59. CARVALHO, P. B., 2009, p. 83.

60. Ibidem, p. 104.

61. Ibidem, loc. cit.

62. Ibidem, p. 105.

63. Ibidem, loc. cit.

pelos horizontes de cultura de cada intérprete; cada um cria mentalmente o seu direito como sistema normativo.

O percorrer os degraus interpretativos - do texto **(S1)** ao contexto **(S4)**, em idas e vindas constantes - contingencia possibilidades normativas, tantas quantas forem as facetas significativas ali passíveis de serem construídas como resultado interpretativo. Hans Kelsen critica aqueles que admitem o resultado interpretativo como sendo "[...] um ato intelectual de clarificação e de compreensão"[64], somente como ato da razão e não da vontade. Como Kelsen, entendemos que o processo interpretativo é um misto de critérios objetivos e subjetivos. Portanto, a vontade ideológica do intérprete é variável relevante na interpretação.

A "moldura"[65] interpretativa de Kelsen congrega essas possibilidades criativas. O resultado do processo interpretativo pode não ser apenas uma norma, mas possibilidades normativas. Assim, destaca o autor:

> [...] dizer que uma sentença judicial é fundada na lei, não significa, na verdade, senão que ela se contém dentro da moldura ou quadro que a lei representa – não significa que ela é *a* norma individual, mas apenas que é *uma* das normas individuais que podem ser produzidas dentro da moldura da norma geral[66].

A escolha de uma dessas possibilidades normativas é ideológica, porém, deve haver coerência e racionalidade na opção axiológica para que não se perca a credibilidade do resultado normativo obtido.

Kelsen é partidário da justiça relativa e não da justiça absoluta. No mínimo, para que haja justiça, deve-se levar em consideração o texto legal; a partir daí, a escolha normativa é ideológica. Hans Kelsen, nesse sentido, destaca que "[...] Se

64. KELSEN, H. *Teoria pura do direito*. 6. ed. São Paulo: Martins Fontes, 2000. p. 391.

65. Ibidem, p. 390.

66. Ibidem, p. 391.

podemos aprender algo da experiência espiritual do passado é o fato de que a razão humana só consegue compreender valores relativos"[67].

A "justiça absoluta é um ideal irracional"[68]; absolutos são os conflitos de interesses a serem dirimidos, mas não a justiça a ser aplicada; esta seria sempre relativa. Afirma, ainda, Hans Kelsen que "Não é possível comprovar que somente uma, e não a outra solução, seja justa. Se se pressupõem a paz social como valor maior, a solução de compromisso pode ser vista como justa. Mas também a justiça da paz é uma justiça relativa, não absoluta"[69]. A mitigação de tal ideal inalcançável se encontra na observância interpretativa dos textos legais positivados.

Sobre a interpretação, Paulo de Barros Carvalho nos alerta, ainda, que "[...] o Direito é um objeto cultural e todo objeto cultural vem trazendo valores. Os valores são compreendidos mediante a nossa tábua, a nossa pauta de valores, que nem sempre é a mesma"[70].

Por isso que Paulo de Barros Carvalho afirma que o papel do jurista não se limita ao plano semântico da linguagem do direito, porém, que "o jurista é o semântico, o sintático e o pragmático da linguagem do direito, que são os três ângulos que toda linguagem, para ser linguagem, tem de ser"[71].

Assim, o sentido lógico das frases (aspecto sintático) e sua aplicação pelos usuários da linguagem jurídica (aspecto pragmático), também fazem parte da atividade interpretativa do jurista.

---

67. KELSEN, H. *Teoria pura do direito*. 6. ed. São Paulo: Martins Fontes, 2000. p. 23.

68. Ibidem, loc. cit.

69. Ibidem, loc. cit.

70. CARVALHO, P. B. ICMS: conferências e debates. *Revista de Direito Tributário*, São Paulo, v. 48, abr./jun. 1989. p. 177.

71. Ibidem, loc. cit.

2.4 Das normas gerais e abstratas às individuais e concretas

O processo de positivação ou concretização normativa nos é extremamente relevante na descoberta da nossa regra-matriz de incidência temporal, intimamente ligada ao nosso escopo de investigação da relação tempo-direito aplicável às hipóteses de decadência e de prescrição, à semelhança do regra-matriz de incidência tributária criada pelo professor Paulo de Barros Carvalho.

Quando da criação da regra-matriz de incidência temporal substituiremos o critério quantitativo pelo critério prestacional (de fazer e não de dar), tendo em vista as características dos efeitos relacionais de nossa norma-matriz. Por isso, no tópico atual, não detalharemos o critério quantitativo da regra-matriz de incidência tributária, para não fugir do nosso escopo.

Aqui apresentamos o processo de positivação referente à criação de tributos e de obrigação tributária como suporte teórico para mais à frente enfrentarmos o mesmo processo de positivação, porém referente às questões espaço-temporais da decadência e da prescrição.

Verifiquemos, então, o suporte-matriz tributário.

Normas constitucionais permitem aos entes políticos de todas as esferas (federal, estadual, distrital e municipal) a possibilidade de instituição de tributos. São as denominadas "normas de competência tributária". São normas de estrutura[72], direcionadas aos entes políticos competentes facultando-lhes (ou obrigando-os) a instituição de normas abstratas e gerais que dispõem sobre produção, transformação e retirada de outras normas do sistema.

Tácio Lacerda Gama[73] faz interessante menção à diferença entre a renúncia à competência e o seu não exercício

---

72. CARVALHO, P. B. ICMS: conferências e debates. *Revista de Direito Tributário*, São Paulo, v. 48, abr./jun. 1989. p. 187.

73. GAMA, Tácio Lacerda. *Competência tributária*: fundamentos para uma teoria da nulidade. São Paulo: Noeses, 2009a. p. 274-275.

facultativo, pois renunciar seria uma forma de alteração da estrutura de competência fincada pela Constituição Federal (CF/88)[74], o que seria vedado.

Em termos tributários, temos que, normas de incompetência constitucionais (imunidades) devem se aliar às de competência, criando plano de competência limitado constitucionalmente.

Os entes políticos, no exercício de sua competência constitucional, instituem os tributos. O que isso significa? Para nós, a **criação de regra-matriz de incidência tributária,** como norma de conduta, conforme Paulo de Barros Carvalho[75].

A **regra-matriz de incidência tributária** é norma de conduta geral e abstrata voltada à pretensão de comportamentos futuros e possíveis. Tem a estrutura formal típica normativa, associando deonticamente à descrição da realização de eventos lícitos e possíveis no mundo social (hipótese normativa abstrata) a possibilidade de instauração de relações jurídicas nos moldes gerais ali estabelecidos (tese normativa).

A peculiar característica relacional da regra-matriz de incidência tributária reside no fato dos sujeitos passivos relacionais terem o dever jurídico de recolher montante a título de tributo ao sujeito ativo (ente estatal ou entidade por ele escolhida); esta sendo portadora de direito subjetivo a tal prestação obrigacional. Em suma, a regra-matriz de incidência tributária é norma **geral,** porque dirigida a todas as possíveis pessoas atingidas pelos seus efeitos, ainda não identificadas individualmente, e **abstrata**, pois se refere a possíveis acontecimentos lícitos futuros.

Não há relação jurídica na regra-matriz, tendo em vista seu consequente prescritor genérico. Há a previsão de

---

74. BRASIL. Constituição (1988). *Constituição da República Federativa do Brasil.* <Disponível em: http://www.planalto.gov.br/ccivil_03/Constituicao/Constituicao.htm>. Acesso em: 14 ago. 2014.

75. CARVALHO, P. B., 2011, p. 187 e p. 317.

possíveis relações individualizadas no caso da construção de fato jurídico subsumido à sua hipótese normativa.

Passemos à análise dos critérios componentes da regra matriz de incidência tributária tendo em vista a discussão que faremos mais adiante, quando ingressaremos em estudo mais detalhado sobre a aplicação desse conceito às categorias tributárias da decadência e da prescrição na criação possível de uma regra matriz de incidência temporal. Para tanto, omitiremos o seu critério quantitativo, centrando nossa breve discussão sobre os critérios material, temporal, espacial e subjetivo.

- **Critério material**

Paulo de Barros Carvalho destaca que no critério material "[...] o legislador expede conceitos que selecionam propriedades do evento"[76]; assim, o critério material define a *ação* ou a *qualificação* de uma possível realização por ente com *personalidade jurídica dispensável*, na linha de pensamento do professor[77].

O critério material é expresso por verbo de ação ou qualificação e respectivo complemento. É a materialidade tributária, cerne do chamado "fato gerador" do tributo.

- **Critério espacial**

Critério espacial é o local determinado em que a situação ou ação tributária prevista no critério material deve ser realizada, para que seja possível a aplicação/incidência tributária. Paulo de Barros Carvalho[78] destaca que o legislador teria a opção de explicitar ou não os locais relevantes à incidência normativa.

---

76. CARVALHO, P. B., 2011, p. 187 e p. 323.

77. Ibidem, p. 187 e p. 378.

78. Ibidem, p. 187 e p. 327.

• Critério temporal

Critério temporal é o exato instante da realização da ação ou da qualificação prevista no critério material, porém relatada posteriormente. Paulo de Barros Carvalho[79] destaca que, com esse relato, se daria o nascimento da relação jurídica tributária, que, por ter cunho oneroso, é denominada "obrigação tributária".

Paulo de Barros Carvalho destaca, ainda, que o "legislador tributário brasileiro utilizou duas equações,"[80] para indicar o exato instante da realização do critério material: **(i)** firmando "uma fração de tempo determinada"[81], como seriam, por exemplo, o IPTU ou o IPVA ou **(ii)** indicando um determinado fato que, uma vez descrito como realizado, representaria no tempo a realização material hipotética, como ocorreria, por exemplo, com o antigo ICM (atual ICMS) ou o imposto de importação ou mesmo o imposto de exportação. Afirma Paulo de Barros Carvalho que "[...] quem legisla pode eleger qualquer fato denotador, desde que seja ele colhido no quadro existencial do fenômeno descrito. Deve, pois, estar ligado a um instante do critério material do suposto. A ele não pode ser alheio"[82].

Sobre os sujeitos ativo e passivo do consequente normativo.

• Sujeito ativo

Sobre a diferenciação entre sujeito ativo e ente competente para instituir tributos, Clélio Chiesa esclarece:

> Cumpre, ainda, diferençar a competência tributária para legislar, da capacidade ativa para exigir o gravame. A primeira, conforme já salientado, consiste na faculdade atribuída as pessoas

79. CARVALHO, P. B., 2011, p. 187 e p. 331.

80. Idem. *A regra matriz do ICM*. 1981. Tese (Livre Docência em Direito Tributário) - Pontifícia Universidade Católica, São Paulo, 1981, p. 253 et seq.

81. Ibidem, loc. cit.

82. Ibidem, p. 253 et seq.

> políticas para instituir, mediante lei, tributos. Já a segunda consiste na possibilidade que o legislador tem, no momento de instituir o tributo, de transferir à outra pessoa a capacidade para exigi-lo. Em outros termos, a pessoa habilitada para editar a lei instituidora do tributo nomeia outra entidade para compor o liame jurídico tributário, atribuindo-lhe a condição de sujeito ativo[83].

Sujeito ativo é o titular do direito subjetivo pretendente à prestação pecuniária. Pode ser coincidente ao ente estatal competente ou alguém escolhido por ele.

- **Sujeito passivo**

Sujeito passivo é alguém com **personalidade jurídica obrigatória** (pessoa física ou não), titular de dever jurídico ao cumprimento de prestação pecuniária pretendida pelo correlato sujeito ativo titular de direito subjetivo a tal prestação.

Paulo de Barros Carvalho justifica a obrigatoriedade da personalização jurídica em face de pretensões processuais que dariam "[...] significado e conteúdo de coatividade às aspirações fazendárias"[84]. O autor esclarece, ainda, que a CF/88 "[...] não aponta quem deva ser o sujeito passivo das exações"[85], deixando ao legislador ordinário tal tarefa.

Mencionamos que o objeto relacional ligando sujeitos ativo e passivo é prestação de dar, cujo objeto seria determinado por base de cálculo (faceta quantitativa do critério material) e sua alíquota equalizadora tributária. Este é o critério quantitativo faltante à nossa regra-matriz de incidência tributária.

Tais esclarecimentos sobre os critérios da regra-matriz são suficientes como suporte teórico à posterior construção

---

83. CHIESA, C. *ICMS*: sistema constitucional tributário: algumas inconstitucionalidades da LC 87/96. São Paulo: LTr, 1997. p. 62.

84. CARVALHO, P. B., 2011, p. 382.

85. Idem, 2015, p. 624.

da nossa regra-matriz de incidência temporal, que, dentre outras peculiares características, não prescreve obrigação de dar, mas de fazer, e não seria classificada como norma comportamental, mas de competência, de estrutura.

Em continuidade ao processo de positivação normativa, sabemos que o sistema não reconhece o fato social sem linguagem jurídica competente, sem sua tradução jurídica. A *incidência normativa* (como resultado positivo de comparação linguística) só ocorre com a presença do homem realizando a *aplicação* do direito.

A factualização tributária dá-se em face de procedimentos específicos de constituição de crédito realizado pelo contribuinte (lançamento por homologação ou autolançamento) ou por lançamento de ofício realizado pela autoridade administrativa.

Como resultado da construção factual tributária dá-se o efeito jurídico do nascimento da obrigação tributária como relação jurídica de cunho patrimonial.

Assim, com a aplicação/incidência da regra-matriz de incidência tributária, suficiente à construção factual tributária, temos o surgimento de uma *norma individual e concreta* estruturalmente idêntica à norma-matriz geral e abstrata instituída pelo ente tributante competente.

Essa é a subsunção ou *inclusão de classes,* na abordagem de Paulo de Barros Carvalho, quando afirma reconhecer "[...] que uma ocorrência concreta, localizada num determinado ponto do espaço social e numa específica unidade de tempo, inclui-se na classe dos fatos previstos no suposto da norma geral e abstrata [...]"[86].

Temos, com isso, duas normas: a **(i)** regra-matriz de incidência tributária, norma geral e abstrata, voltada para o futuro e correlata **(ii)** norma individual e concreta de lançamento ou de autolançamento, surgida com a formalização do evento,

86. CARVALHO, P. B., 2011, p. 382.

cujo perfil jurídico supõe-se estar previsto no antecedente normativo da regra-matriz de incidência tributária.

Esse é o processo de positivação ainda não findo, pois seu desenrolar pode esbarrar em normas processuais, como veremos no último capítulo com relação à prescrição.

Com essas premissas, passemos à descoberta do conceito de *tempo* (ou de sua temporalização) ao longo da história da filosofia, para após podermos ingressar nas aplicações às hipóteses de decadência e de prescrição, construindo, inclusive regras-matrizes de incidência temporal aplicáveis a estas categorias.

CAPÍTULO 3

FILOSOFANDO SOBRE O TEMPO NA HISTÓRIA

3.1 Objetivo deste capítulo

A noção de tempo é alvo de estudos que remontam aos clássicos pensadores da antiga Grécia, como Platão, Aristóteles, Plotino e outros tantos filósofos de sua época, assim como pensadores ligados ao pós-positivismo, como François Ost, não esquecendo, evidentemente, de outros grandes filósofos neste entremeio, como Santo Agostinho, Immanuel Kant, Henri Bergson, Edmund Husserl, Martin Heidegger, André Comte-Sponville ou sociólogos como Niklas Luhmann e outros tantos.

Nosso objetivo neste capítulo é descrever de forma sintética, e direcionada aos objetivos deste trabalho, as diversas visões sobre a noção de *tempo* a partir de grandes filósofos e pensadores ao longo da história, na tentativa de encontrarmos um conceito que se encaixe, e até justifique, nossa forma de "enxergar" e de aplicar o direito em relação às categorias *decadência* e *prescrição* na seara tributária.

Paulo de Barros Carvalho, em exaustiva pesquisa, nos fornece inúmeras acepções do "tempo":

1. tempo histórico 2. tempo cronológico 3. tempo biológico 4. tempo meteorológico 5. tempo psicológico (racional e emocional) 6. tempo jurídico 7. tempo verbal 8. tempo mítico 9. tempo onírico 10. tempo musical 11. tempo lógico 12. tempo lúdico (dos jogos

– duração e repartição). 13. tempo das fábulas e das piadas. 14. tempo retórico (convencimento). O tempo da fala para gerar a persuasão. 15. tempo artístico (estético). Quando observamos o movimento no objeto artístico. 16. tempo como movimento físico (o tempo da bola – coincidir a trajetória com a eficácia da ação, da conduta; "tempo de luta" (ajuste da distância para a conexão de golpes). 17. tempo de luta (ajuste da distância para a conexão de golpes). 18. tempo como espaço, intervalo (unidirecionalidade do tempo, em face da multidirecionalidade do espaço; lateralidade do tempo, diante da multilateralidade do espaço; o espaço é, no mínimo, bilateral. 19. tempo como frequência, ritmo, cadência. 20. tempo como limite (termo inicial e termo final). 21. tempo como vez ou oportunidade. 22. tempo vital, no sentido de "tempo vivo", duração real, *la durée réele*. 23. tempo no sentido de ganho ou desperdício, ganho ou perda de trabalho, de energia, de dinheiro. 24. tempo como ordem de indagação, como domínio, como mundo (ordem espiritual e ordem material ou temporal).25. tempo como fato (experiência).26. tempo como escola, movimento, época.27. tempo como agenda, hora (fulano não tem hora, não tem tempo).28. tempo como interrupção (por favor, dê-me um tempo). 29. tempo como "hora-aula", "hora de consulta". 30. tempo como "instante", "momento", "triz" (O mundo foi criado num triz), 31. tempo astronômico, no sentido das marcações temporais construídas com base no movimento dos corpos celestes (o dia, associado à rotação da Terra sobre seu próprio eixo; o mês, com a duração aproximada do ciclo das fases da lua; o ano, com a rotação da Terra em torno do Sol).

Buscamos conceitualmente o **tempo jurídico**. Comecemos com os filósofos.

3.2 O período helenístico

Alerta que nos faz Fernando Rey Puente[87] é de que, nessa investigação, devemos estar conscientes de não transferir às épocas

87. PUENTE, F. R. *Ensaios sobre o tempo na Filosofia Antiga*. São Paulo: Annablume Editores, 2010, p. 21.

anteriores analisadas "[...] valores e conceitos que lhes sejam estranhos e, algumas vezes, até mesmo essencialmente antagônicos.". Conceitos que para nós seriam tidos como de caráter universal, como "[...] espaço, tempo e número [...] devem ser contextualizados historicamente, evitando, sempre posições extremadas, nos acautelando das [...] metáforas oriundas do imaginário grego [...]".

Afirma, ainda, o autor[88] que os gregos no período helenístico possuíam diversas concepções sobre o tempo, considerando "parcial e incompleta" a pressuposição de que os gregos tinham uma visão exclusivamente cíclica do tempo, e que os hebreus a tinham como absolutamente linear. Todos os dois povos possuíam ambas as visões.

A referência cíclica teria origem, segundo Fernando Rey Puente[89], na observação na natureza do "[...] ciclo periódico das estações, bem como a observação dos movimentos cotidianos, mensais e anuais de alguns corpos celestes e, no âmbito da cultura, o retorno anual das festas religiosas.".

Por sua vez, ainda segundo Puente[90], a consideração temporal linear originou-se da observação sobre a irrevogabilidade do caráter "[...] das ações passadas, a transitoriedade da juventude, a chegada dolorida da senectude e a proximidade irremediável da morte.". Tanto que, ainda destaca, o substantivo *períodos* em grego teria tanto o sentido de "[...] movimento circular realizado no espaço quanto o de um ciclo repetido no tempo [...], daí os gregos denotarem sua significação tanto para o movimento cíclico dos astros como para datas festivas gregas, quer sejam jogos ou festivais.

Os antigos gregos, ainda conforme Fernando Rey Puente[91], acreditavam que os componentes *dias* e *horas* eram ca-

88. PUENTE, F. R. *Ensaios sobre o tempo na Filosofia Antiga*. São Paulo: Annablume Editores, 2010, p. 22.

89. Ibidem, p. 23.

90. Ibidem, p. 23.

91. Ibidem, p. 25.

pazes de trazer modificações qualitativas nas atividades dos homens, ou modificações que até as favorecessem.

É interessante destaque do autor ao citar Romilly[92], que vislumbrara nas tragédias gregas dois pontos de vista sobre o tempo: **(i)** "[...] mera testemunha universal que observa, sem interferir, todos os acontecimentos da vida humana [...]" e **(ii)** possuindo "[...] papel causal em relação a esses mesmos eventos.", isto é, responsável por estes eventos. Percebe-se uma personificação grega do tempo, que teria a possibilidade de agir no sentido de "[...] revelar ou trazer à luz alguma coisa ou algum evento."[93].

Diferença importante traz Fernando Rey Puente[94] ao fazer um estudo comparativo e crítico intitulado *O tempo e a alma*", que versa sobre dois textos da antiguidade clássica: o *Tratado do tempo*, de Aristóteles, e o *Tratado sobre a eternidade e o tempo*, de Plotino; dois clássicos que nos ajudarão a compreender o tempo na perspectiva grega à época desses pensadores-filósofos.

Afirma Puente[95] que Aristóteles, assim como outros filósofos gregos, teria fracassado ao "[...] tentar explicar o tempo, pois nunca investigaram a sua essência enquanto tal, analisando-o apenas em sua relação com outros itens [...]", tais como o movimento, o número, as consequências, a extensão etc. Plotino aspirava, segundo o autor[96], a explicar "[...] a própria essência do tempo [...]", pretendendo não mostrar suas relações com outras coisas, mas o que ele mesmo seria. Para tanto, Plotino teria investigado tanto as causas de surgimento do tempo como sua origem. Fernando Rey Puente centra seus estudos somente na relação alma-tempo.

---

92. ROMILLY, R. *Le temps dans la tragédie grecque*. Paris: Vrin, 1971. p.10. apud PUENTE, 2010, p. 28.

93. Ibidem, p. 29.

94. Ibidem, p. 127-162.

95. Ibidem, p. 127.

96. Ibidem, p. 128.

3.2.1 Pensando o tempo com Aristóteles

De acordo com Puente, Aristóteles, em *Tratado sobre o tempo,* assim se posiciona:

> Sin embargo, conocemos también el tiempo cuando, al determinar el antes y después, determinamos el movimiento; y, cuando tenemos la percepción del antes y después en el movimiento, decimos entonces que el tiempo ha transcurrido. Y lo distinguimos al captar que son diferentes entre sí y que hay algo intermedio diferente de ellos. Porque cuando inteligimos los extremos como diferentes del medio, y el alma dice que los ahoras son dos, uno antes y otro después, es entonces cuando decimos que hay tiempo, ya que se piensa que el tiempo es lo determinado por el ahora; y aceptamos esto.
>
> Así pues, cuando percibimos el ahora como una unidad, y no como anterior y posterior en el movimiento, o como el mismo con respecto a lo anterior y lo posterior, entonces no parece que haya transcurrido algún tiempo, ya que no ha habido ningún movimiento. Pero cuando percibimos un antes y un después, entonces hablamos de tiempo. Porque el tiempo es justamente esto: número del movimiento según el antes y después.
>
> Luego el tiempo no es movimiento, sino en tanto que el movimiento tiene número. Un signo de esto es el hecho de que distinguimos lo mayor y lo menor por el número, y el movimiento mayor o menor por el tiempo. Luego el tiempo es un número. Pero «número» se puede entender en dos sentidos, ya que llamamos «número» no sólo lo numerado y lo numerable, sino también aquello mediante lo cual numeramos. Pues bien, el tiempo es lo numerado, no aquello mediante lo cual numeramos. Aquello mediante lo cual numeramos es distinto de lo numerado. Y así como el movimiento es siempre distinto, así también el tiempo. Pero todo tiempo simultáneo es el mismo, pues el ahora existente es el mismo que era entonces, aunque su ser sea distinto. Y el ahora mide el tiempo en tanto que antes y después.

Segundo Fernando Rey Puente[97], Aristóteles conceitua o tempo "[...] como sendo um contínuo sucessivo, dado ele não ser simplesmente um movimento (que é contínuo) ou um número (que é sucessivo), mas sim o número de um movimento (que é então uma sucessão contínua).". Ou seja, seu conceito

97. ROMILLY, R. *Le temps dans la tragédie grecque*. Paris: Vrin, 1971. p.10. apud PUENTE, 2010, p. 136.

seria um misto dual *ato* e *potência*, pois que, destaca Puente[98], "[...] a atividade intelectual de numerar um movimento parece corresponder logicamente à potencialidade ontológica que esse movimento tem de receber um atributo numérico.". Em outras palavras, seria da natureza do tempo, da sua essência, apresentar a capacidade de ser numerado, o que lhe daria a possibilidade de ser conceituado como um *contínuo sucessivo*, nos termos acima descritos. É a ação indicando a potência de sua realização; é a consequência tornando descoberta a causa. Segundo Puente[99], na perspectiva aristotélica, deve-se proceder à "[...] busca das causas dos fenômenos naturais do consequente para o antecedente, pois, embora todo evento tenha uma causa, essa causa pode não ser a sua própria, mas sim uma causa concorrente ou concomitante [...]", sendo que esta restaria sempre caracterizada pela indeterminação.

Afirma, também, André Comte-Sponville[100] que Aristóteles definiria o tempo como "[...] o número do movimento segundo o antes e o depois.".

Tomando o cuidado de contextualizar historicamente a significação das palavras, entendemos *movimento* como qualquer mudança de estado objetiva no mundo social, ou subjetiva, pois é externa ou interna à consciência do homem. É externa, até como atos de fala, no sentido de enunciações.

Aponta Fernando Rey Puente[101] que Aristóteles teria extraído duas consequências teóricas sobre a relação tempo-alma em face de relato em seu *Tratado sobre o tempo*, no qual descreve a respeito de alguns indivíduos que adormeceram em um templo e ao acordarem não teriam tido consciência de que já haveria transcorrido um determinado lapso temporal,

---

98. ROMILLY, R. *Le temps dans la tragédie grecque*. Paris: Vrin, 1971. p.10. apud PUENTE, 2010, p. 136.

99. Ibidem, p. 87.

100. COMTE-SPONVILLE, A. *O ser-tempo:* algumas reflexões sobre o tempo da consciência. 2. ed. São Paulo: Martins Fontes, 2006, p. 25.

101. PUENTE, 2010, p. 129.

de que dois "agoras", diversos entre si, teriam ocorrido. Esta realidade não fora por eles percebida.

Afirma, ainda, o autor que as consequências teóricas, na verdade, construídas por Aristóteles seriam que: **(i)** se não houvesse dois "agoras" distintos, o tempo não existiria e **(ii)** se a diversidade dos "agoras" restasse oculta, então haveria a impressão da ausência de lapso temporal entre tais "agoras".

Concordamos com as observações de que a verificação da primeira consequência seria a negação da existência do tempo. Da segunda, apenas a negação do "[...] nosso conhecimento do transcurso de um intervalo de tempo."[102].

Nesse sentido, verificamos que a percepção de tempo, a consciência, a alma, só ocorrem ou se manifestam quando se verificar existência de dois diversos "agoras". Assim, a consciência do tempo resta atrelada à noção de intervalo, de *movimento* ou do *contínuo sucessivo* destacado por Fernando Rey Puente, como vimos acima.

Afirma, ainda, Puente[103] que para Aristóteles o conceito de *número* seria essencial para a compreensão do tempo. Assim, sua definição sobre o tempo, do seu *Tratado sobre o tempo,* seria a de o "número de um movimento segundo o anterior-posterior".

Tal conclusão restaria confirmada em face de que para numerar um movimento há a necessidade de existência de alma, de intelecto. Assim, essencial a alma (ou seu intelecto) para a numeração do movimento.

Afirma, portanto, Puente[104] que "O tempo [...] parece ser constituído para Aristóteles por uma sutil inter-relação entre o movimento e a função intelectiva da alma.".

---

102. PUENTE, 2010, p. 129.

103. Ibidem, p. 131.

104. Ibidem, p. 135.

Concluímos, no sentido do entendimento de Aristóteles, que, para numerar um movimento, é preciso perceber dois "agoras" diversos, ou seja, perceber o movimento e que o tempo necessita dessa numeração, por sua própria definição. Então, sem a percepção (por ele possibilitada pelo intelecto da alma), não haveria a possibilidade de numerar, não haveria a percepção do tempo; portanto, não haveria tempo para quem não o percebe pela impossibilidade de numerá-lo.

O destaque de Aristóteles de que a ausência de percepção de dois "agoras" diversos indicaria, para o observador, que o tempo não existe, em face da ausência de possibilidade de numerar o movimento ocorrido (um antes e um depois) é de crucial importância para a caracterização da materialidade da norma-padrão temporal aplicável às situações de decadência e de prescrição, como veremos mais adiante.

Outro destaque sobre o texto de Aristóteles reforça as observações feitas até o momento, assim como enaltece a importância da alma para a "existência-percepção" do tempo:

> Pero si nada que no sea el alma, o la inteligencia del alma, puede numerar por naturaleza, resulta imposible la existencia del tiempo sin la existencia del alma, a menos que sea aquello que cuando existe el tiempo existe, como sería el caso si existiera el movimiento sin que exista el alma; habría entonces un antes y un después en el movimiento, y el tiempo sería éstos en tanto que numerables.

Aristóteles afirma que sem *alma*, ou o que ele chama de *inteligência da alma* (entrelaçada com a capacidade de percepção), não haveria como numerar o movimento, o que resultaria na impossibilidade da existência do tempo.

3.2.2 Pensando o tempo com Plotino

Considerado o pai do neoplatinismo, Plotino nasceu em Licópolis no Egito, no ano de 205 d.C., e morreu em Roma, em 270 d.C.

Segundo Puente[105], Plotino não teria estudado o tempo de forma isolada, mas em contraponto à sua noção de *eternidade*. Ele tenta descobrir a origem do tempo associado à alma, na ligação desta com a eternidade, não descurando de crítica à visão de Aristóteles, como observamos em sua 28ª Enéada *(Sobre a essência da alma II)* quando afirma:

> 1. Quando fizemos uma investigação a respeito da essência da Alma [...], demonstramos que ela não é um corpo nem, entre as coisas incorpóreas, uma harmonia. Ademais, **descartamos a teoria atual, a de enteléquia, por ela não ser verdadeira no sentido em que é exposta e por não deixar claro o que é a Alma.** Mais ainda: afirmamos que ela pertence à Natureza Inteligível e à ordem divina. Com isso, talvez conseguimos tornar mais clara a natureza de sua essência.[106] **(g.n.).**

A crítica de Plotino a Aristóteles, em nota de rodapé em Fernando Rey Puente[107], seria porque o Estagirita considerava a *enteléquia* como "[...] ato final ou perfeito [...]", sendo a máxima e absoluta realização da potência de um ser. Para Aristóteles a alma restaria definida com "a enteléquia de um corpo orgânico" (*de anima,* II 1, 412 a 27).

Nicola Abbagnano[108], no mesmo sentido, esclarece que *Enteléquia* seria termo criado por Aristóteles para a indicação do "[...] ato final ou perfeito [...]". Adiante destaca que Aristóteles teria definido a alma como a enteléquia de um corpo orgânico, confirmando as observações de Fernando Rey Puente feitas acima.

Puente[109] afirma, ainda, que o tempo para Plotino seria uma imagem móvel da eternidade, sendo esta o fundamento

---

105. PUENTE, 2010, p. 136-137.

106. PLOTINO. *Tratados das Enéadas/Plotino*. São Paulo: Polar Editorial, 2000, p.167.

107. Ibidem, loc. cit.

108. ABBAGNANO, N. *Dicionário de Filosofia*. 4. ed. São Paulo: Martins Fontes, 2000, p.334.

109. PUENTE, 2010 , p. 138.

do próprio tempo, ou seja, o tempo nasceria da própria eternidade, já que a alma restaria gerada pelo intelecto.

Verificamos a importância do elo tempo-eternidade em Plotino quando este procura afastar a ideia de Aristóteles[110] de que o tempo seria o "número de um movimento segundo o anterior e o posterior". Senão vejamos, afirma Plotino[111]:

> Uma coisa após a outra passa a circular ao redor da Alma: num momento é Sócrates, noutro é um cavalo; sempre é algum ente entre os seres. **A Inteligência, no entanto, é tudo; por isso, tudo o que está nela contido está sempre presente simultaneamente nela; ela é o puro Ser em eterna atualidade; nela não há lugar para futuro nem para passado algum**, pois todas as coisas permanecem **num eterno agora**, idênticas a si mesmas no lugar que receberam para si, como identidades satisfeitas em serem o que são. Tudo ali é inteligível e autêntica existência, e o todo é a Inteligência universal e o Ser. **(g.n.)**.

Este pequeno excerto corrobora a afirmação feita por Fernando Rey Puente[112] de que Plotino realiza um deslocamento conceitual do movimento de Aristóteles (na sua definição do tempo) para o plano do intelecto, entendendo este como a própria eternidade, e esta, a própria vida do intelecto.

O amálgama significante tempo-eternidade para Plotino tem razão de ser, tendo em vista que, para ele, haveria três essências (denomina-as "hipóstases") que justificariam tal visão: **(i)** o *um (ou uno);* **(ii)** o *intelecto (inteligência)* e a **(iii)** *alma.*

Socorremo-nos de Fernando Rey Puente[113] que afirma que o *um* (ou uno) seria o bem como fonte de toda vida, impossível de ser pensado, pela sua condição originária.

---

110. ARISTÓTELES. *Tratado sobre o tempo. [s.d.]*

111. PLOTINO, op. cit., p.75.

112. PUENTE, 2010, p. 141.

113. Ibidem, p. 140.

Realmente, Plotino[114] afirma:

> 1. O Uno é todas as coisas e não é nenhuma delas. Ele é o princípio [...] de todas as coisas; e, se não é nenhuma delas, no entanto é todas as coisas de um modo transcendente, pois, de certo modo, elas estão no Uno [...].

Por isso, a nossa conclusão de que esta primeira hipóstase (essência) age como pressuposto da origem da vida e, por isso não poderia ser pensada, porque alguém antes deveria pensá-la, retirando-lhe o status de essência-primeira, de essência-origem.

Mais adiante, Plotino[115] confirma essa conclusão:

> [...] o Uno não é Ser, mas sim o gerador do Ser. Podemos dizer que este é o primeiro ato da geração: nada possuindo e nada buscando em sua perfeição, o Uno transbordou e sua superabundância produziu algo diverso dele mesmo.

Para Plotino[116] daí teria surgido a *inteligência* (segunda hipóstase), ele afirma que "[...] O ato de ter-se detido e se voltado para o Uno a fim de contemplá-lo tornou-o simultaneamente Ser e Inteligência [...]", designando como "alma" a sua essência.

Fernando Rey Puente[117] esclarece que "[...] o Um é diferente do Movente Imóvel de Aristóteles, pois do Um tampouco se pode dizer propriamente que Ele pense a si mesmo [...]", que seria a forma tradicional do pensamento do Estagirita.

Como segunda hipóstase (essência), Plotino destaca o *Intelecto (Inteligência)* como originado do próprio *um*. Afirma

114. PLOTINO, 2000, p. 63.

115. Ibidem, loc. cit.

116. Ibidem, p. 64.

117. PUENTE, 2010, p. 140.

Fernando Rey Puente[118] que o *Intelecto* de Plotino seria idêntico ao *movente imóvel* de Aristóteles, pois ele seria "[...] pensamento de seu próprio pensamento [...]". Destaca, ainda, que na teoria plotiniana, o *Intelecto* possuiria cinco atributos: essência, movimento, repouso, o mesmo e o outro.

Plotino, assim, estaria deslocando o "[...] conceito de movimento para um plano, o do *Intelecto*, no qual Aristóteles só [...]"[119] postularia haver atos puros e não quaisquer movimentos imperfeitos e inacabados.

Nos termos de Plotino[120], a inteligência (ou *intelecto* como temos tratado):

> [...] é tudo; por isso, tudo o que está nela contido está sempre presente simultaneamente nela: ela é o puro Ser em eterna atualidade; **nela não há lugar para futuro nem para passado algum,** pois **todas as coisas permanecem num eterno agora,** idênticas a si mesmas no lugar que receberam para si, como identidades satisfeitas em serem o que são. Tudo ali é inteligível e autêntica existência, e o todo é a Inteligência universal e o Ser. O ato intelectivo da Inteligência traz o Ser à existência, que por sua vez, como objeto de intelecção, torna-se a causa da intelecção e da existência para o princípio [...] intelectual" **(g.n.).**

Restrito ao nosso tema (sobre o tempo), vemos nesta segunda hipóstase (essência) construída pelo pensamento plotiniano que a *inteligência* (ou o *intelecto*) é eterno, não havendo, nos termos do filósofo egípcio, "lugar para futuro nem passado algum"[121].

Essa também é a conclusão de Puente[122] quando afirma que o *intelecto* é eterno e, em face dele, "[...] ser a própria eternidade, sendo que nele tudo 'é' e que nada propriamente 'foi'

---

118. PUENTE, 2010, p. 140-141.

119. Ibidem, p. 141.

120. PLOTINO, 2000, p.75-76.

121. Ibidem, p.75.

122. PUENTE, 2010, p. 141.

ou 'será' [...]"; ele afirma que é preciso excluir da noção de *intelecto* qualquer relação com o tempo.

Com relação à *alma* Puente[123] nos explica que ela seria produzida pelo *intelecto* e que poderia, segundo Plotino, admitir três significações possíveis: **(i)** como hipóstase (essência); **(ii)** como alma do mundo e **(iii)** como alma individual. O autor[124] explica que as almas individuais não seriam partes da alma do mundo, mas que, apesar dos corpos individuais (compostos de corpo e alma) apresentarem-se distintos entre si, as almas respectivas seriam iguais. Em conclusão, afirma que "[...] a Alma hipóstase manifesta-se tanto na unidade (como a Alma do Mundo), quanto na pluraridade (como as almas individuais), mas, considerada em si mesma, transcende ambas essas determinações aos ser simultaneamente uma e múltipla [...]".

A ligação com o tempo resvala na conclusão, no mesmo sentido de Puente[125], de que não há sucessão cronológica entre as três hipóstases (*um, intelecto* e *alma),* mas somente lógica, ou seja, não há "[...] precedência temporal, mas somente causal [...]" entre elas, sendo que a *alma* teria um papel mediador entre as hipóstases e a matéria, entre estas e o mundo fenomênico.

Voltando à relação tempo-alma, temos que a "[...] origem do tempo deve ser buscada na eternidade, caracterizada como a vida do Intelecto, sinônimo de vida calma, coesa, infinita, completamente estável e voltada ao um [...]"[126], restando ausentes vestígios do tempo.

Plotino, na versão de Puente[127], vislumbra nos movimentos da *alma,* que, inquieta, buscaria coisas além do que ela já possuiria: uma vida calma na eternidade, a criação do tempo.

123. PUENTE, 2010, p. 141-142.

124. Ibidem, p. 142.

125. Ibidem, p. 143.

126. Ibidem, p. 146.

127. Ibidem, p. 147.

Conclui Puente[128] que o tempo "[...] só pode ser entendido, segundo Plotino, ao ser relacionada com a eternidade, pois esta é a denominação da vida do Intelecto, vida da qual a Alma separou-se ao se temporalizar para viver a sua própria vida, denominada, como acabamos de ver, tempo."

Assim, sendo o eterno sinônimo de vida na quietude e na uniformidade, temos que o tempo traduziria, segundo Plotino, vida consistente de inquietude e diversidade.

3.2.3 Destacando diferenças sobre o tempo em Aristóteles e Plotino

Dentre as formas de pensar dos grandes filósofos Aristóteles e Plotino, apontamos esquematicamente uma síntese conclusiva de suas diferenças em relação ao **conceito de tempo,** como nos ensina Puente[129].

ARISTÓTELES	PLOTINO
O tempo só se manifesta quando o intelecto **numera dois "agoras" diferentes entre si;** porém o movimento (interno ou externo) a se numerar INDEPENDE do intelecto.	O tempo deriva do *um* e para ele converge. Origina-se do desejo da alma de buscar mais do que já tem (provocada e "iludida" pelo intelecto), temporalizando-se.
Não é só o número, mas o número de um movimento do antes para o depois. Só existe quando numeramos.	Mal necessário (se afastar-se da razão e permanecer no desejo da matéria). Sem ele não haveria criação do mundo.
Há um vínculo entre o tempo e a alma.	Plotino pretende negar qualquer vínculo entre o tempo e a alma, porém haveria um movimento associado ao tempo não físico, mas ligado à alma como essência.
O tempo é movimento numerado.... movimento em qualquer esfera. Há um caráter intrínseco de todo e qualquer movimento com o tempo, sendo, sempre, uma quantidade; portanto, numerado.	O movimento físico da alma não criaria o tempo, mas, sim, o movimento hipostático (da essência) da alma. O tempo seria a própria vida da alma. O tempo não é quantidade, mas seria um modo de vida da alma que teria natureza não quantitativa.

128. PUENTE, 2010, p. 149.

129. Ibidem, p. 153-161.

A eternidade é pensada em conjunção com o tempo.	A eternidade é um modelo (vida do intelecto) que produz o tempo (vida da alma).
O tempo não poderia existir além do céu. O número (do movimento) restaria intrinsecamente relacionado com o "agora", pois este pode ser numerado. "Agora" como sendo o anterior-posterior numerável.	O tempo não se realizaria somente fisicamente, mas também na órbita da metafísica, sendo a imagem da eternidade. O tempo é como imagem móvel da eternidade. O tempo não seria quantitativo, seria essência da alma que não é quantitativa. Plotino não faz referência ao "agora", para aceitar a continuidade do tempo, já que este seria essência da alma, tendo em vista que essa estaria em todo lugar.

Esse resumo dos posicionamentos, sutis e filosoficamente diversos de Aristóteles e Plotino e referentes à ideia do tempo, como nos apresenta Puente[130], pretende servir-nos como referência inicial para entendermos esse tema tão complexo.

São elucidativas as lições de André Comte-Sponville[131] nas suas indagações sobre a definição de *tempo* em Aristóteles e sua correlação com a alma. Ele sugere que a definição do Estagirita de que o tempo seria o "[...] número do movimento segundo o antes e o depois"[132] pareceria supor aquilo mesmo que ela pretenderia definir. Afirma o autor que o tempo não seria um número, "[...] já que nenhum número é o tempo. Se o universo não passasse de uma aritmética ou de uma álgebra, não haveria tempo. Se só houvesse números, não haveria universo."[133].

Concordamos com Comte-Sponville[134] que mesmo na imobilidade se pode afirmar que haveria passagem do tempo. Vemos aqui uma ligação interessante com o nosso tema específico da decadência e da prescrição, e já podemos até afirmar

130. PUENTE, 2010, p. 153-161.

131. COMTE-SPONVILLE, A. *O ser-tempo:* algumas reflexões sobre o tempo da consciência. 2. ed. São Paulo: Martins Fontes, 2006, p. 24-30.

132. Ibidem, p. 25.

133. Ibidem, p. 26.

134. Ibidem, loc. cit.

que a inércia (o não movimento enunciativo, o não ato de fala individualizado) de um sujeito não seria motivo para que o *tempo parasse de correr.* Voltaremos a isso mais à frente.

A afirmação de Aristóteles de que o tempo seria o *número de um movimento*, na verdade, nos diz qual a serventia do tempo, mas não nos fala da sua essência. Comte-Sponville[135]corrobora também esse entendimento quando afirma que:

> [...] O fato de o tempo nos servir para medir o movimento ou de o movimento nos servir para medir o tempo (os dois são verdadeiros e Aristóteles não o ignora), diz mais sobre nós e sobre a medida, parece-me, do que sobre o tempo. Ou diz para que serve o tempo, ou para que nos serve, e não o que ele é. Ora, a questão é o que ele é e o que mereceria, se fôssemos capazes, uma definição [...].

Continua o autor destacando que, se para Aristóteles, o tempo é o *número de um movimento,* portanto, sem ato de numerar não haveria tempo, como poderíamos pensar em tempo sem alma que numerasse o movimento? Porém, mesmo sem a existência de uma alma para numerar o movimento, este ocorreria no mundo físico. E o tempo? Pararia de correr na ocorrência deste movimento numerável, mas não efetivamente numerado, em face da ausência de alma para agir numerando-o? Como resolver os impasses: *Sem alma, há movimento? Sem alma, há tempo?*

Comte-Sponville[136] segue questionando:

> [...] A ausência de alma suprimiria o número de frutas de uma árvore, a pretexto de que ninguém saberia mais contá-las? [...] Os dias não deixariam de passar se nenhuma alma estivesse presente par ver o sol se pôr; não deixariam de se suceder, se ninguém estivesse lá par vê-lo nascer. Imaginemos que toda vida desapareça da Terra. O que impediria, intelectualmente, de perguntar *Há quantos dias* ninguém mais vê o sol nascer? **[g.o.].**

---

135. COMTE-SPONVILLE, A. *O ser-tempo:* algumas reflexões sobre o tempo da consciência. 2. ed. São Paulo: Martins Fontes, 2006, p. 24-30.

136. Ibidem, p. 27.

A esses requestionamentos do autor francês, sua resposta seria SIM, haveria tempo, já que "[...] haveria movimento e número (numerável, senão numerado) do movimento [...]"[137], mas o tempo de Aristóteles não seria o tempo da alma, mas do mundo.

Explica Comte-Sponville[138] que sem a presença da alma não haveria passado nem futuro, mas só o presente. Porém, se o presente está aí - o passado não mais, e o futuro não ainda -, como poderíamos numerar o movimento se só temos o presente? E se só temos o presente, nada de passado ou futuro, não teríamos tempo? E mais, como numerar algo que serve de intermédio para o que já foi (passado), portanto, não é mais e o que ainda não é (futuro)? Que tipo de movimento podemos observar se só podemos verificar o que está sempre presente? Essa é a dificuldade de se definir o tempo, pois ele não existe sem a alma.

Nesse sentido, explica Comte-Sponville[139] que o "[...] tempo (o fato de haver presente, passado e futuro) parece, pois, existir somente na alma, a única capaz de fazer existir juntos, numa mesma presença a si, um antes e um depois [...]", a única com a capacidade de ter a *lembrança* do que "[...] já não existe (o passado) ao que ainda não existe (o futuro)". Continua o autor francês afirmando que, para Aristóteles, havendo movimento, mesmo sem alma que o percebesse, haveria tempo. No entanto, sem alma, sem lembrança, não poderíamos mais designar o tempo como "[...] soma do passado, do presente e do futuro [...]"[140], mas a perpetuação somente do presente; aliás, de sucessivos e diversos presentes. O tempo da alma não é o tempo real. O tempo real não tem passado, nem futuro, só o presente. Com a alma, temos a lembrança do que já foi e a promessa ou esperança do que não foi ainda. É essa a noção de tempo da alma.

---

137. COMTE-SPONVILLE, A. *O ser-tempo:* algumas reflexões sobre o tempo da consciência. 2. ed. São Paulo: Martins Fontes, 2006, p. 24-30.

138. Ibidem, p. 27-28.

139. Ibidem, p. 29.

140. Ibidem, p. 30.

Mas como o próprio Comte-Sponville[141] afirma: "[...] A filosofia não existe para descrever, mas para compreender", temos que sua parcial conclusão nos ajuda a pensar que o tempo jurídico (análogo ao tempo da alma) não é o tempo real ou o tempo natural. Só existe tempo jurídico se o sistema jurídico (alma jurídica) perceber as mudanças, *os movimentos*. Aproveitaremos, também, esse raciocínio mais adiante, ao tratarmos da inércia dos atos de fala enunciativos.

3.3 O olhar de Santo Agostinho

Como bem afirma Daniel Vieira Sarapu[142], a problemática do tempo em Santo Agostinho (nascido na província romana da Numídia, África, em 354; falecido em 430) nasceria com a discussão sobre "[...] a inserção de Deus na temporalidade."

Nos próprios termos de Santo Agostinho[143], seu questionamento e sua bem- humorada, mas honesta, resposta:

> Eis minha resposta àquele que pergunta: "**que fazia Deus antes de criar o céu e a Terra?**" Não lhe responderei nos mesmos termos com que alguém, segundo se narra, respondeu, eludindo, com graça, a dificuldade do problema: "**Preparava**", disse, "**a geena para aqueles que perscrutam estes profundos mistérios!**" Uma coisa é ver a solução do problema e outra é rir-se dela. Não darei essa resposta. **Gosto mais de responder: não sei** – do que apresentar aquela solução, dando motivo a que se escarneça do que propôs a dificuldade e se louve aquele que respondeu coisas falsas. **(g. n.).**

Santo Agostinho, pela suposta impertinência da pergunta, afirma com peculiar humor que prefere responder que não sabe o que fazia Deus antes da criação do céu e da Terra do

141. COMTE-SPONVILLE, A. *O ser-tempo:* algumas reflexões sobre o tempo da consciência. 2. ed. São Paulo: Martins Fontes, 2006, p. 16.

142. SARAPU, D. V. *Direito e memória*: uma compreensão temporal do direito. Belo Horizonte: Arraes Editores, 2012. p. 24.

143. AGOSTINHO, Santo. *Confissões*. São Paulo: Editora Abril, 1973, p. 242. (Os Pensadores).

que afirmar, com graça, que Ele preparava o inferno (Geena) para os curiosos do mistério. Mais à frente ele responde sem temor que Deus não fazia "[...] coisa alguma. Pois se tivésseis feito alguma coisa, que poderia ser senão criatura vossa?"[144]. A eternidade de Deus retirar-lhe-ia o atributo de temporalidade. Santo Agostinho[145] afirma:

> Na eternidade, ao contrário, nada passa, tudo é presente, ao passo que o tempo nunca é todo presente. Esse tal verá que o passado é impelido pelo futuro e que todo o futuro está precedido dum passado, e todo o passado e futuro são criados e dimanam d'Aquele que sempre é presente.

Se Deus é eterno, o tempo não o alcança, pois se tudo é presente e se de Deus dimana o passado e o presente, Deus não pode ser alcançado por um tempo que ele mesmo criou; portanto, ele é atemporal.

Sarapu[146] vai ao encontro desse raciocínio ao afirmar que Santo Agostinho não atribui a qualidade de eterno ao tempo, sendo seu início (do tempo) o próprio ato criador de Deus. O autor completa que "[...] Como o mundo foi criado por Deus, tudo quanto há de mundano também foi gerado pelo ser Divino, incluindo-se aí o próprio tempo.". Tempo e mundo teriam simultânea origem, já que "[...] a criação do mundo é o início do tempo e o mundo somente existe na condição de estar no tempo.".

Mas o que seria o tempo para Santo Agostinho? Sob o aspecto psicológico, e não ontológico, ele[147] mesmo "se atreve" a responder:

> [...] Se ninguém mo perguntar, eu sei; se o quiser explicar a quem me fizer a pergunta, já não sei. Porém, atrevo-me a declarar,sem receio de contestação, que, se nada sobreviesse, não

144. AGOSTINHO, Santo. *Confissões*. São Paulo: Editora Abril, 1973, p. 242. (Os Pensadores).

145. Ibidem, loc. cit.

146. SARAPU, 2012, p. 24.

147. AGOSTINHO 1973, p. 244.

> haveria tempo futuro, e se agora nada houvesse, não existiria o tempo presente.

Essa visão fluida do tempo que nos *escapa* por entre os *dedos da compreensão* é admitida por Santo Agostinho[148] quando ele pergunta a si próprio "De que modo existem aqueles dois tempos – o passado e o futuro - , se o passado já não existe e o futuro ainda não veio? Quanto ao presente, se fosse presente, e não passasse para o pretérito, já não seria tempo, mas eternidade.".

Comte-Sponville[149] entende que o tempo para Santo Agostinho "[...] parece indefinível, inapreensível, como se só existisse em sua fuga [...]", como se somente surgisse quando já tivesse desaparecido, ele só se revelaria, quando se ocultasse. Afinal de contas falar do passado é falar do que não é mais, do futuro, do que não é ainda, e do presente, quando a ele se refere, já é passado.

Santo Agostinho[150] apresenta passagem clássica sobre a sua noção de tempo:

> O dia e a noite compõem-se de vinte e quatro horas, entre as quais a primeira tem as outras todas como futuras, e a última tem a todas como passadas. Com respeito a qualquer hora intermediária são pretéritas aquelas que a precedem, e futuras as subsequentes. Uma hora compõe-se de **fugitivos instantes. Tudo o que dela debandou é passado. Tudo o que ainda resta é futuro.** Se pudermos conceber um espaço de tempo que não seja suscetível de ser subdividido em mais partes, por mais pequeninas que sejam, só a esse podemos chamar tempo presente. **Mas este voa tão rapidamente do futuro ao passado, que não tem nenhuma duração.** Se a tivesse, dividir-se-ia em passado e futuro. **Logo, o tempo presente não tem nenhum espaço. (g. n.).**

O texto é longo, porém extremamente elucidativo do pensamento de Santo Agostinho sobre sua definição de *tempo*.

---

148. AGOSTINHO 1973, p. 244.

149. COMTE-SPONVILLE, 2006, p. 17.

150. AGOSTINHO, op. cit., p. 245.

Sarapu[151] afirma que Santo Agostinho trilha a resposta sobre o tempo a partir do presente e que a duração deste (do caráter fugidio do presente) é ínfima, apesar da historicidade humana consistir em uma "[...] sucessão de 'presentes' [...]".

Comte-Sponville[152] nos desafia a tentar "[...] parar o tempo..." e, segundo ele, pelo nosso reconhecimento de sua impossibilidade, teríamos, forçosamente, que aceitar que "[...] O tempo não é nem um ser, nem um puro nada [...]", mas sim, passagem perpétua de um a outro instante. "[...] Ser no tempo é ser em via de não ser.".

Entendemos agora a dificuldade da definição sobre o tempo, pois como o próprio Santo Agostinho afirma no trecho acima descrito, que o "[...] tempo presente não tem espaço", aliado ao fato do passado não ser mais, e o futuro ainda não ser, o tempo como ser só pode ser entendido como não ser, como nos alerta Comte-Sponville. O tempo não pode ser apreendido em face de seu ininterrupto caminhar do futuro para o passado, passando pelo presente instantâneo.

Em nota, o tradutor da obra de Santo Agostinho[153] bem observa que o tempo, na ótica metafísica, seria indivisível, na verdade, e não uma simples sucessão de instantes. Entendemos sua observação, não em termos de contagem natural do tempo, mas em termos da nossa sensibilidade. Nesse sentido, Santo Agostinho[154]afirma que "Não medimos os tempos que passam, quando os medimos pela sensibilidade.". Como poderíamos medir os tempos passados ou os futuros se estes não existem mais, a não ser pelas nossas lembranças?

Santo Agostinho[155], em célebre reflexão, alerta que mesmo narrando verídicos eventos passados, nossa "[...] memó-

151. SARAPU, 2012, p. 25.

152. COMTE-SPONVILLE, 2006, p. 20.

153. AGOSTINHO, 1973, p. 246.

154. Ibidem, loc. cit.

155. Ibidem, loc. cit.

ria relata, não os próprios acontecimentos que já decorreram, mas sim as palavras concebidas pelas imagens daqueles fatos, os quais, ao passarem pelos sentidos, gravaram no espírito uma espécie de vestígios."

O tempo-presente rememora o passado da forma como nossas lembranças conseguem remontar, construindo aquilo que não é mais. O papel dos elementos de prova de qualquer acontecimento passado (por óbvio) tem o escopo de trazer à memória eventos que não são mais, mostrando apenas vestígios históricos daquilo que talvez tenha socialmente ocorrido.

Nesse sentido, há uma conclusão esclarecedora de Santo Agostinho[156] quando rejeita a afirmação de que haveria tempos futuros ou passados e de que seria uma impropriedade falar de passado, presente ou futuro, mas sim de "[...] presente das coisas passadas, presente das presentes, presente das futuras [...]", pois em nossa mente só teríamos lembranças presentes do que já foi e "[...] esperança presente das coisas futuras.". Noutro giro, afirma[157] que a dificuldade em se medir o tempo está no fato de ele não ocupar espaço, sendo que seu "caminhar" é sempre presente e que o direcionamento de nossas lembranças seria do futuro para o passado, nascendo "[...] naquilo que ainda não existe, atravessando aquilo que carece de dimensão, para ir para aquilo que já não existe.".

Sarapu[158] corrobora esse nosso entendimento sobre o afirmado por Santo Agostinho, quando explica que tanto o passado como o futuro só existiriam "[...] na condição de 'presente do passado' e 'presente do futuro' [...]", porém alertando que tais categorias somente restariam presentes no espírito do homem. Há, assim, em Santo Agostinho deslocamento do "[...] problema do tempo da natureza para o espírito [...]", centrando no homem, e não mais na natureza, o problema do tempo.

---

156. AGOSTINHO 1973, p. 248.

157. Ibidem, p. 248.

158. SARAPU, 2012, p. 25.

Comte-Sponville[159] também afirma que esse tempo lembrado "[...] não é o tempo real, não é o tempo do mundo, não é o tempo da natureza: é o tempo da alma, é o tempo do espírito, é o que chamaríamos melhor de *temporalidade* [...]" **(g.o.)**. Afirma, ainda, Comte-Sponville[160] que concorda com aqueles que veem na *temporalidade* não uma verdade do tempo, "[...] mas sua negação [...]". Ela tem a capacidade de "fazer existir" simultaneamente (na lembrança) o não simultâneo: fatos passados, presentes e futuros. A *temporalidade*, como o tempo do espírito, tempo da memória, "[...] une o que o tempo, ao contrário, separa e não cessa de separar; ela retém o que o tempo leva, inclui o que ele exclui, mantém o que ele suprime.".

Comte-Sponville[161] provoca ao questionar: como poderia ser a *temporalidade*, o próprio tempo, "[...] se ela lhe pertence e o nega?". Segue[162] afirmando que a temporalidade só existe "[...] porque nós nos lembramos do passado, porque antecipamos o futuro [...]" e porque escapamos do presente. O tempo da consciência é a temporalidade, é tempo só aparente, não é real.

Essa temporalidade (tempo da consciência) resta definida por Comte-Sponville[163] como "[...] o tempo tal como dele nos lembramos ou como o imaginamos, é o tempo tal como o percebemos e o negamos (já que retemos o que não existe mais, já que nos projetamos em direção ao que ainda não existe) [...]". Podemos indagar, então, qual seria a temporalização em termos jurídicos? Teríamos uma *consciência jurídica*? Mais à frente retornaremos a essa questão.

Em outra passagem célebre, Santo Agostinho[164] rejeita a ideia de que o tempo seria "[...] o movimento dos corpos

159. COMTE-SPONVILLE, 2006, p. 30.

160. Ibidem, p. 31.

161. Ibidem, loc. cit.

162. COMTE-SPONVILLE, 2006, p. 32.

163. Ibidem, loc. cit.

164. AGOSTINHO, 1973, p. 248.

celestes [...]", afirmando que o tempo seria "[...] uma certa distensão.".

Para Sarapu[165], a *distensão* referida por Santo Agostinho seria a percepção que se tenha do presente do passado, como se passado fosse, e do presente do futuro, evocando, estas, "[...] imagens vividas ou antecipação de imagens vindouras.". Comte-Sponville[166] completa, afirmando que a temporalidade "[...] só existe em nós [...]" e que "[...] nós só existimos no tempo.".

Entendemos, portanto, que a temporalidade, para Santo Agostinho, seria a possibilidade da consciência *se distender*, alongando virtualmente o passado e o futuro e presenteando ambos. Com a temporalidade, as lembranças e a memória presenteiam o passado; assim como a esperança e a promessa presenteiam o futuro.

Estamos, ainda, com Comte-Sponville[167] quando destaca que, assim como passado e futuro seriam contrários ao presente, temos que a temporalidade seria o contrário do tempo. Com ele concluímos que o que se apreende é a temporalidade, pois "[...] pensar o tempo seria desconhecê-lo."

3.4 O idealismo transcendental de Kant e o tempo

Immanuel Kant (nascido em 1724, na Prússia; falecido em 1804), reagindo filosoficamente aos métodos investigativos de sua época, definiu a natureza do tempo a partir do denominado *idealismo transcendental*. Kant[168] afirma que "[...] O tempo não é nada mais do que a forma da nossa intuição interna. Se a condição particular da nossa sensibilidade lhe é suprimida,

165. SARAPU, 2012, p. 25.

166. COMTE-SPONVILLE, op. cit. p. 32.

167. Ibidem, p. 33/34.

168. KANT, I. *Crítica da razão pura*. São Paulo: Editora Abril, 1974, p. 47. (Os Pensadores).

desaparece também o conceito do tempo, que não é inerente aos próprios objetos, mas apenas ao sujeito, que o intui.".

Se Santo Agostinho centrava a questão temporal na consciência da alma, temos que Kant, de forma similar, também admite a consciência, agora do homem, como necessária para o reconhecimento do tempo. Porém, Kant trata esse conhecer do homem como algo possível, não absoluto, o que se verifica quando afirma[169] que o tempo possui uma "[...] realidade subjetiva com vistas à experiência interna [...]", ou seja, a representação "real" do tempo depende das limitações e das determinações do sujeito cognoscente. Tanto que ele afirma que o tempo "[...] é real, não como objeto, mas enquanto considerado o modo de representação do meu eu como objeto.".

Esse relativismo para o conhecimento do tempo-objeto é atributo do método utilizado nas investigações por Kant, denominado *idealismo transcendental,* que, segundo Sarapu[170], é caracterizado "[...] pelo fato de que todo conhecimento se submete a certas 'condições de possibilidade' [...]" que limitam o que seja de possível apreensão pelo homem. O homem não teria acesso à essência das coisas, limitado que é nas suas "[...] condições necessárias [...]" para representar os objetos a serem conhecidos. Afirma, ainda, Sarapu que o tempo seria "[...] uma dessas 'condições de possibilidade' do conhecimento [...]", um dos pré-requisitos para a denominada experiência sensível.

Kant[171] ainda afirma que todos os fenômenos (incluindo o tempo) não poderiam existir por si mesmos, "[...] mas somente em nós. Qual seja a natureza dos objetos em si e separados de toda receptividade da nossa sensibilidade, permanece-nos inteiramente desconhecida.". Afirma categoricamente, e concordamos com ele nessa parcial conclusão, que nós conhecemos somente "[...] o nosso modo de perceber os objetos, e que ele diz respeito a cada homem considerado individualmente".

---

169. KANT, I. *Crítica da razão pura.* São Paulo: Editora Abril, 1974, p. 47. (Os Pensadores).

170. SARAPU, 2012, p. 27.

171. KANT, 1974, p. 49.

Com isso, ratifica Kant a natureza parcial e condicionada por nós daquilo que nos propomos a conhecer; ainda mais que estamos limitados pela nossa linguagem que é peculiar culturalmente no processo de conhecimento do mundo.

Essa visão kantiana da condição absolutamente subjetiva de análise fenomênica não escapa à crítica feita por Comte-Sponville[172]: "[...] Se o tempo não passasse de uma forma *a priori* da sensibilidade, não poderia, por definição, *preceder* essa sensibilidade.". Assim, se o tempo não tivesse, segundo Comte-Sponville, uma realidade objetiva, teríamos que "[...] a própria existência da subjetividade se tornaria ininteligível ou sobrenatural [...]", tendo em vista que a própria subjetividade teria origem no tempo. Como pode o tempo ser subjetivo se o tempo precede a subjetividade? Esta é a contradição em Kant, apontada pelo filósofo francês, que destaca de forma conclusiva: "[...] Se Kant tinha razão, nem a humanidade nem Kant teriam tido tempo de nascer [...]". O tempo, assim, não teria uma realidade exclusivamente empírica.

Para Sarapu[173] a ligação tempo-direito em Kant é precária, pois o tempo kantiano, além de assumir "[...] a condição de um dado não modificável da natureza humana", não passaria exclusivamente "[...] de um 'plano' ou 'dimensão' na qual é possível ordenar cronologicamente a sucessão dos eventos". Insiste Kant no pressuposto metodológico de analisar o tempo no contexto da razão, enfatizando o aspecto formal em que o tempo seria um "[...] mero receptáculo, passivo da experiência sensível.". O tempo se tornaria um dado objetivamente imutável da natureza humana.

3.5 O intuicionismo de Bergson e o tempo

Henri Bergson (nascido em 1859, na França; falecido em 1941) propõe uma simplificação da filosofia. Segundo

172. COMTE-SPONVILLE, 2006, p. 39.

173. SARAPU, 2012, p. 29.

Sarapu[174], Bergson "[...] pede que o filósofo assuma uma postura de não distanciamento em relação ao seu tema de investigação.". A filosofia deveria voltar-se mais para as experiências vividas e não somente a "[...] abordagens tanto exclusivamente teóricas como exclusivamente experimentais [...]".

A base metodológica de sua teoria seria a *intuição*, não nos moldes kantianos como "[...] forma imediata de conhecimento [...]"[175], mas em moldes um tanto mais complexos.

Bergson[176] assim nos esclarece, em nota de rodapé:

> [...] designamos por esta palavra a função metafísica do pensamento: principalmente o conhecimento íntimo do espírito pelo espírito, subsidiariamente o conhecimento, pelo espírito, do que há de essencial na matéria, uma vez que a inteligência fora feita sobretudo para manipular a matéria e consequentemente para conhecê-la, mas não para tocar-lhe o fundo.

Mais à frente ele destaca que "[...] por uma crescente preocupação de precisão [...]"[177], fora levado a distinguir *intuição* de *inteligência*.

Segundo Sarapu[178], o método de investigação bergsoniano opõe-se, com a utilização da *intuição*, ao método analítico, pois assim seria permitido ao homem ter acesso "[...] à experiência por ele vivenciada, com todos os seus contornos e nuances [...]", envolvendo "[...] os sentimentos e as emoções vividas pelo homem em sua experiência.".

Aponta Sarapu[179] três regras de trabalho criadas por Bergson:

---

174. SARAPU, 2012, p. 29.

175. Ibidem, loc. cit.

176. BERGSON, H. *Introdução à metafísica*. São Paulo: Editora Abril, 1974, p. 39. (Os Pensadores).

177. Ibidem, loc. cit.

178. SARAPU, 2012, p. 30-31.

179. Ibidem, p. 31.

> a) Colocar e criar problemas verdadeiramente filosóficos; b) lutar contra as ilusões que obstruem o reencontro com as verdadeiras articulações do real; c) **refletir os problemas filosóficos a partir de uma perspectiva antes temporal do que espacial. (g.n.).**

Em face de nosso tema, interessa-nos especialmente a perspectiva temporal de Henri Bergson.

Explica Sarapu[180] que a terceira regra de Bergson "[...] pressupõe uma conexão entre a apreensão da experiência por meio da intuição e a noção de 'duração' [...]" sendo que a duração seria "[...] a intuição do fluxo temporal em que toda vivência se insere [...]; admitindo Bergson que ela assumisse diversas formas: **(i)** duração interior ou da consciência; **(ii)** duração orgânica ou biológica e **(iii)** duração material atinente a objetos exteriores ao homem.

Afirma Bergson[181]:

> [...] não há estado de alma, por mais simples que seja, que não mude a cada instante, pois não há consciência sem memória, não há continuação de um estado sem adição, ao sentimento presente, da lembrança de momentos passados. **Nisto consiste a duração. A duração interior é a vida contínua de uma memória que prolonga o passado no presente,** seja porque o presente encerra distintamente a imagem incessantemente crescente do passado, seja, mais ainda, parque testemunha a carga sempre mais pesada que arrastamos atrás de nós, à medida que envelhecemos. Sem esta sobrevivência do passado no presente, não haveria duração, mas somente instantaneidade **(g. n.).**

A duração é a memória prolongando o passado no presente, segundo afirmara Bergson.

Sobre o caráter qualitativo e não somente quantitativo do tempo, Bergson[182] afirma:

---

180. SARAPU, 2012, p. 31-32.

181. BERGSON, 1974, p. 31.

182. Ibidem, p. 32.

> Mas, quem não vê que o número determinado de minutos e de segundos que atribuo ao estado psicológico elementar tem justamente o valor de um índice destinado a me lembrar que o estado psicológico, **supostamente homogêneo, é na realidade um estado que muda e que dura?** O estado, tomado em si mesmo, está em **perpétuo devir**. Extraí deste devir uma certa **média de qualidade que supus invariável: constituí assim um estado estável** e, por isto mesmo, esquemático. Extraí, por outro lado, o **devir em geral,** o devir que não seria menos o devir disto do que daquilo, e a isto chamei o ***tempo*** que este estado ocupa. **(g. n.).**

A ideia de *tempo* para Bergson resta calcada em heterogênea visão qualitativa em face de agregar ao que ocorre no presente suas lembranças do passado. O seu *perpétuo devir* ou o seu *perpétuo devir em geral,* como caracterizador do tempo, em nosso entendimento, tem origem no *devir* de Aristóteles, indicando, segundo Abbagnano[183], "Uma forma particular de mudança, a mudança absoluta ou substancial que vai do nada ao ser ou do ser ao nada". É um *vir-a-ser.*

Assim, o método de Bergson, segundo Sarapu[184], propiciaria uma apreensão não somente quantitativa do tempo, mas também qualitativa, em face da atuação da consciência. A duração, assim, deixaria de ser entendida como uma sucessão contínua e homogênea, devendo ser aceita como um "[...] devir constante, marcado ao mesmo tempo pela continuidade e pela heterogeneidade [...]", deixando de considerar as categorias temporais: passado, presente e futuro, como autônomas, pensando-as, sim, como unidade.

3.6 O tempo e a fenomenologia de Husserl e de Heidegger

Se o método da *fenomenologia* não surgiu com Edmund Husserl (nascido em 1859, na República Tcheca; falecido em 1938), temos que o termo "[...] certamente adquiriu um

183. ABBAGNANO, 2003, p. 268.

184. SARAPU, 2012, p. 32.

significado próprio a partir dele [...]", como nos conta Sarapu[185], que entende, também, que ela significa "[...] os modos segundo os quais as coisas se apresentam para o homem nas diferentes formas de experiência de sua consciência.". Então, ela descreveria e analisaria de forma estruturada a consciência dos objetos, tal como experimentada no tempo, "[...] sem o recurso a qualquer tipo de reinterpretação metafísica.".

Haveria, ainda conforme Sarapu[186], além do abandono do "[...] ponto de vista naturalista [...]", visando a uma consciência pura, transcendental, a admissão, em redução fenomenológica, de que a consciência de algo seria **sempre intencional**, buscando além do que tem à disposição em cada momento vivido.

Corroborando esse destaque, observamos que a intenção estaria sempre presente na visão fenomenológica de Husserl[187], quando este afirma que "[...] ao já conhecido conceito de essência intencional virá juntar-se o de essência cognitiva, na qual distinguiremos a qualidade intencional, a matéria intencional enquanto sentido da apreensão, a forma da apreensão e o conteúdo apreendido (apercebido ou representante) [...]". Afirma[188], ainda, que o reconhecimento da intenção não seria mera forma de preenchimento de palavras, mas com "[...] os atos intencionados [...]" quando realmente presentes, a expressão se recobriria "[...] com o que deve ser expresso, e a significação impregnada nas palavras se [...]" adaptariam ao que ela significa; haveria então, uma ***intenção preenchedora*** de conteúdo significante.

A ideia de *duração* está também presente em Husserl à medida que toda a experimentação se desenrolaria imersa em fluxo temporal que faz que a cada instante esteja presente

185. SARAPU, 2012, p. 34.

186. Ibidem, loc. cit.

187. HUSSERL, E. *Investigações lógicas*: sexta investigação. Elementos de uma elucidação fenomenológica do conhecimento. São Paulo: Editora Abril, 1975. (Os Pensadores). p. 15.

188. Ibidem, p. 19-20.

toda a carga de experiências passadas, assim como as aspirações a experiências futuras. Essa é a ideia sobre Husserl, trazida por Sarapu[189] do *presente denso*, que reuniria três dimensões desse *agora* presente (afastando a ideia do tempo como sucessão de "agoras" pontuais e sucessivos): "[...] um presente que é experimentado como presente pela consciência; um passado que é vivido no presente por meio de um processo de retenção da experiência na consciência; um futuro que é vivido no presente por meio da protensão da experiência pela consciência [...]", sem perder a noção de fluxo temporal, unidirecional e contínuo.

Não vemos como inédita tal conceituação de Edmund Husserl, mas um retorno à ideia de presente, de presente do que já se foi e de presente do que ainda não foi, conforme Santo Agostinho, porém sobre o contexto da consciência vivida experimentalmente, não mais da alma; sem metafísica, apesar de transcendental. Assim, conclui Sarapu[190] que o tempo para Husserl não seria somente um objeto da consciência, mas que se confundiria com sua própria subjetividade.

É digna de nota a crítica a Husserl feita por Comte-Sponville[191], ao questionar: "[...] Se o tempo só viesse ao mundo por nosso intermédio, como nós poderíamos ter vindo ao mundo?". E continua: "[...] o tempo tem de preceder a temporalidade: o que supõe que ele existe independentemente de toda e qualquer subjetividade.". Essa afirmação vai de encontro à *fenomenologia* de Husserl, que necessita da experiência da consciência para aceitar e entender o tempo.

Outro ponto digno de nota, encontramos na força performativa dos atos de fala para Husserl[192], que destaca:

189. SARAPU, 2012, p. 35-36.

190. Ibidem, p. 36.

191. COMTE-SPONVILLE, 2006, p. 38.

192. HUSSERL, 1975, p. 19.

> Certamente, dir-se-á, todo ato é exprimível; mas sua expressão se encontrará, respectivamente, numa forma da fala que (supondo-se uma linguagem suficientemente desenvolvida) lhe seja propriamente adaptada [...].

O filósofo destaca que "[...] o expressar da fala [...]", a força da fala "[...] não está, pois, nas meras palavras, mas nos atos que exprimem; [...]". Os atos expressos são materialmente novos para que se crie uma expressão genérica ao nível do pensamento que os representem. Esses são atos de fala performativos ou operativos.

Segundo Sarapu[193], é necessário à compreensão da temporalidade para Martin Heidegger (nascido em 1889, na Alemanha; falecido em 1976), termos uma ideia da "[...] figura do *Dasein* ou 'ser-aí' [...]", designando a "[...] unidade entre o ser e o homem que possui existência no mundo.". Somente seres humanos, para Heidegger, restariam inseridos num mundo "[...] dotado de significação, no qual entidades e atividades lhe são reveladas na medida em que se tornam disponíveis.".

Para Sarapu[194], "[...] a estrutura básica do *Dasein* é a temporalidade." Mas não como o simples andar de um relógio ou de um calendário, que não teria qualquer relação com o homem-em-si, caracterizando-se como "tempo vulgar", consistindo em mera sucessão de eventos, fruto da "[...] capacidade de abstração e racionalização do homem.". Também, não se caracterizaria essa temporalidade com o denominado "tempo mundano", consistente no "[...] meio temporal em que ocorrem os eventos do mundo humano.". O que interessaria ao homem seria "[...] saber de que modo tais eventos e acontecimentos se inserem em uma sequência que possui conteúdo e significado em sua vida.".

Sarapu[195] nos esclarece que o *Dasein* de Heidegger possuiria as seguintes características: **(i)** existência, **(ii)** facticidade e

---

193. SARAPU, 2012, p. 38.

194. Ibidem, p. 39.

195. SARAPU, 2012, p. 39-40.

(iii) queda. A *existência* indicaria como o ser se entenderia a si próprio: "É o que Heidegger denomina de 'ser-à-frente-de-si-mesmo' e que liga a existência humana à ideia de futuro.". *Facticidade* é a característica de que o ser se encontra "[...] sempre já lançado no mundo e em sua própria vida [...]", não devendo ser confundida com os meros "[...] episódios da vida de alguém [...]", pois estes apenas passariam sem maiores influências na vida do ser. Seria, portanto, a facticidade o reunir do contexto social, econômico, cultural, religioso influenciadores do "[...] ser-já-no-mundo [...]" (Dasein) ligado ao passado. *Queda* seria a característica do *Dasein:* "[...] presentifica [...] os três horizontes da temporalidade originária do próprio *Dasein* (passado, presente e futuro), tornando funcional os eventos em face do contexto apresentado pelos três horizontes, tornando ricas de significado as coisas ao redor.

Concluímos com Sarapu[196], que a temporalidade de Heidegger não seria uma entidade, mas que ela possibilitaria a criação de um horizonte de significação dos seres e das coisas ao redor.

196. SARAPU, 2012, p. 41.

CAPÍTULO 4
FUNDAMENTOS TEÓRICOS SOBRE O TEMPO JURÍDICO

4.1 Objetivo deste capítulo

Este capítulo destina-se a firmar conceitos sobre o *tempo jurídico*, apoiados na premissa teórica de direito como linguagem nos pensamentos dos grandes filósofos aqui já destacados e nos escritos de três grandes professores e pensadores: André Comte-Sponville, Tercio Sampaio Ferraz Junior e François Ost. Cada pensador que citamos agregam conceitos e definições que se sobrepõem, num processo cumulativo de experiências. É esse o nosso método de aproximação na construção do *tempo jurídico.*

Socorremo-nos, também, das preciosas lições de Daniel Vieira Sarapu quando aborda a questão do tempo-direito em autores pós-positivistas, destacando que seus trabalhos "[...] reintroduziram o problema do tempo na teoria jurídica por meio de investigação sobre os efeitos temporais próprios dos diferentes modos de se conceber a prática jurídica."[197].

Sarapu afirma que o pós-positivismo não é retorno à doutrina jusnaturalista, mas um avanço com suporte no

197. SARAPU, 2012, p. 112.

positivismo, retirando alguns de seus excessos, tais como: "[...] a definição do direito válido por critérios exclusivamente formais [...]"[198] e que as fontes seriam de exclusiva produção estatal.

No entanto, cita Sarapu[199] que seriam três as características comuns às teses pós-positivistas:

> **(i)** aplicação de processo argumentativo no processo de integração das normas jurídicas no ordenamento, reduzindo seu aspecto lógico. Na linha de Paulo de Barros Carvalho, entendemos integração como fase interpretativa; integrar é interpretar. Afirma o mestre que "Se assim não fosse, haveríamos de concluir que todas as leis que apresentam lacunas não seriam interpretáveis, o que é inusitado absurdo""[200];
>
> **(ii)** aceitação de que a realidade jurídica não é a do mundo natural, mas a "[...] construída intersubjetivamente por meio de consenso social e linguístico."[201]. Há troca dos valores de *verdade* e de *falsidade* (valências próprias do mundo-do-ser) pelos de *validade* ou *invalidade normativas* (na linguagem prescritiva do mundo do dever-ser);
>
> **(iii)** retorno ao padrão romano de que "[...] o direito é um saber prudencial, isto é, circunstancial."[202]; conhecimento de caráter hermenêutico voltado à solução de casos e não de simples generalizações em face dos textos legais.

Preparamos o caminho na aplicação desse aspecto temporal para o entendimento dos fluxos decadenciais e prescricionais ocorrentes desde o procedimento de busca de

---

198. SARAPU, 2012, p. 113.

199. Ibidem, loc. cit.

200. CARVALHO, P. B., 2011, p. 129.

201. SARAPU, 2012, p. 113.

202. Ibidem, loc. cit.

informações pelo fisco, passando pela constituição de crédito tributário (tanto pelo Estado como pelos contribuintes) até o processo de execução fiscal.

4.2 Na busca da temporalização jurídica do tempo

Assim como (i) Plotino tratou o tempo como *tempo da alma*, esta aqui entendida como essência da vida; (ii) Santo Agostinho centrando no homem a questão temporal, mais propriamente em seu espírito e não na natureza; (iii) Kant e Husserl, com suas diferenças, admitem a intervenção da consciência como relevante na questão temporal, além da presença do aspecto intuitivo neste último, sabemos que não estaríamos nos referindo ao tempo em si. Como preleciona Comte-Sponville[203], sabíamos que estaríamos tratando da *temporalização do tempo*, ou seja, de uma ilusão sobre o tempo.

Nesse sentido, ao conceituar o *tempo*, conceitua-se sua temporalização. Portanto não estamos tentando entender o que seria realmente o tempo, pois vimos invariavelmente nas teses filosóficas descritas que tratar do tempo seria conceituar o que ele não é, em face de sua característica fugidia de passado que não é mais, aliado a um presente que não se mantém e a um futuro que ainda não veio a ser, conforme a linha agostiniana.

A *temporalidade do tempo*, não sendo o tempo real, caracteriza-se por ser o *tempo da consciência* "[...] o tempo tal como dele nos lembramos (resgatando vestígios do passado) ou como o imaginamos (atraindo expectativas futuras), é o tempo tal como o percebemos e o negamos [...]"[204]. Retemos no presente o que não mais existe e as projeções do que "[...] ainda não existe [...]"[205]. Não que futuro, passado e presente

203. COMTE-SPONVILLE, 2006, p. 31-32.

204. Ibidem, p. 32.

205. Ibidem, loc. cit.

sejam simultâneos - não o são -, mas a sua *temporalização*, nos moldes descritos, criam a ilusão de simultaneidade, exatamente pela presença da consciência vivida.

Assim, a *temporalidade do tempo* é sempre presente, pois falamos da consciência individual experimentada; é o presente denso que carrega as lembranças (vestígios de historicidade pretérita) e as promessas e expectativas futuras; é a distensão do presente.

Na verdade, não alcançamos seja passado ou futuro, só alcançamos o presente-presente-instantâneo e fugidio, o presente-passado-lembrança (memória) e o presente-futuro-expectativa (promessa, esperança). Mas sempre presente, aquele que nunca nos falta, como bem observa Comte-Sponville[206] quando afirma que jamais o viu cessar ou desaparecer, "[...] mas apenas durar, sempre durar, com conteúdos diferentes, por certo, mas sem deixar com isso de continuar e de ser presente.".

Isso nos leva a pensar o tempo jurídico, ou melhor, *a temporalização jurídica do tempo*, como o presente construído e retido na também *presente consciência jurídica* do que já se foi e do que se espera que ainda será. Justamente na certeza de que tal *consciência jurídica* guarda somente lembranças e expectativas jurídicas presentes.

Como o direito não é pessoa - direito é construção intelectual vertida em linguagem normativa -, temos que sua "consciência" deve ter a mesma natureza de seus elementos; deve, portanto, estar expressa em linguagem que o direito possa entender. Talvez, *consciência jurídica* possa ser normativamente construída do presente documental dos meios de prova como guardiões de lembranças que são, como, também, possa estar no dever-ser de normas jurídicas concretas e abstratas, cujo destaque deôntico expressa promessas e expectativas relacionais futuras e possíveis: proibindo, obrigando ou permitindo.

---

206. COMTE-SPONVILLE, 2006, p. 45.

Se a *consciência jurídica* encontra-se em normas jurídicas, então temos que é uma *consciência jurídica interpretada*, fruto de construção mental do homem que, em face do direito positivo como texto, constrói o *seu direito* peculiar, como conjunto implícito formalizado, ou seja, constrói as normas jurídicas.

Nesse ponto, podemos afirmar que a *consciência jurídica*, com suporte físico no direito positivo (aqui entendido como literalidade textual legal), está construtivamente inserta no conjunto normativo fruto de interpretação, mais propriamente na **validade normativa,** pois esta "atravessa" o contínuo tempo natural insistindo em sua existência.

Nesse sentido, Sarapu[207] afirma que: "Na categoria da validade, o direito encontrará a sua inserção na temporalidade e, assim, a caracterização de sua memória como função de organização de acesso às informações disponíveis para o sistema jurídico.". Chamamos de *consciência jurídica* o que o mestre mineiro denomina *memória* do direito. Mas continuemos a investigação para refinar tecnicamente o conceito de *consciência jurídica* na busca da relação tempo-direito.

4.3 Teses sobre o tempo (ou sua temporalização) em Comte-Sponville e sua ligação com o direito

Entendemos, assim como Sarapu[208], que *temporalização* (ou sincronização) é tempo sócio-histórico "[...] que se refere à vivência pelo grupo social da determinação temporal da experiência coletiva temporal no interior de sua cultura.". É a padronização social ou convencional de um contínuo de acontecimentos. Já Comte-Sponville[209] apresenta algumas facetas

207. SARAPU, 2012, p. 223.

208. Ibidem, p. 115.

209. COMTE-SPONVILLE, 2006, p. 50.

que buscam definir o tempo, admitindo-o como presente, eternidade, ser, matéria, necessidade e ato.

Verificamos que todos esses ângulos definidores nos ajudam na busca da compreensão do que seria o *tempo jurídico*, ou melhor, sobre a *temporalização jurídica do tempo*. Detemo-nos nas teses do tempo como sendo presente, eternidade e ser, por entendê-las suficientes ao nosso escopo de ligação com o tempo jurídico.

4.3.1 O tempo é o presente[210]

O tempo é o presente. Essa é considerada a principal tese de Comte-Sponville[211], a partir desta todas as outras seriam dela decorrentes. Com isso, teríamos que só o presente existiria, pois passado e futuro, como categorias existentes somente no pensamento (na consciência), não existiriam mais ou nem viriam a existir. Na verdade, elas subsistiram no presente. Afirma Comte-Sponville[212] que "[...] se toda consciência desaparecesse do universo, não haveria mais que um presente sem memória e sem antecipação.".

O que buscamos compreender, em face de nossa busca sobre o tempo, é o que seria este presente e quais suas características? Estamos falando de um presente instantâneo e simplesmente fugidio como limite entre passado e futuro que nos "escapam entre os dedos"? Como captar passado e futuro?

Na verdade, estamos tratando de um *presente denso* que carrega vestígios pretéritos e expectativas futuras; estamos falando de *duração*. Comte-Sponville[213] destaca que "O que Spinoza chama de duração, e que eu chamarei de ser-tempo

210. COMTE-SPONVILLE, 2006, p. 50-65.

211. Ibidem, p. 50.

212. Ibidem, p. 51.

213. Ibidem, p. 55.

[...]" não seria a simples soma aritmética de instantes, mas uma continuação indivisa de instantes para o pensamento. E afirma:

> O tempo, para dizê-lo de outro modo, só pode se reduzir ao presente se o presente durar; portanto, o instante presente também deve durar, e permanecer o mesmo, pois, embora sempre mudando.[214].

Na realidade, o que nos interessa, e é base deste trabalho, é definir este tempo presente, como tempo de duração (ser-tempo para Comte-Sponville[215]). Aquele presente denso a que já nos referimos e que, além de conter vestígios concretos (documentais até) que nos trazem recordações, também contém fragmentos de antecipações e de expectativas futuras. Mas não é somente isso, também é aquele presente que não seja instantâneo.

Assim, o presente do *tempo jurídico* (a sua *temporalização* presente, para ser mais preciso) restaria tanto carregado densamente de informações (passadas, presentes e futuras) como *elástico* o suficiente para o tratarmos como presente que dura. Assim entendemos que a *temporalização jurídica do tempo* admite situações em que há convívio harmônico e não antinômico de presentes logicamente estáticos, instantâneos, porém não fugidios, mas sim suportados por períodos cronologicamente contínuos, sucessivos e dinâmicos. Esse é nosso conceito de *duração* no direito.

A questão da *duração* (do ser-tempo) e da possibilidade de uma "verdade" que aglutine passado, presente e futuro, nos leva à mesma conclusão de Comte-Sponville[216] ao citar Spinoza, que nos ensina que "A duração é uma continuação indefinida da existência".

---

214. COMTE-SPONVILLE, 2006, p. 50.

215. Ibidem, loc. cit.

216. Ibidem, p. 59.

Assim a verdade jurídica, a verdade lógico-normativa, se estenderia densamente por um determinado período sempre presente, mesmo considerando que tal prazo se estenda cronologicamente pelos três vetores temporais: futuro, presente e passado. Para aplicação de efeitos jurídicos, a verdade (também jurídica) será sempre presente.

Tal forma de pensar poderia nos levar à conclusão de que estaríamos caminhando de encontro à proposta da teoria da relatividade de Einstein. Na verdade, nossa forma de pensar vai *ao encontro* e não *de encontro* ao pensamento de Einstein. Porque, se para cada referencial temos um *tempo peculiar medido*, se tivermos um único referencial, a simultaneidade temporal restará presente.

Melhor fundamentando, mas sem maiores aprofundamentos por precariedade de nosso conhecimento sobre física quântica, mas na medida do aqui necessário, duas observações de Sarapu sobre a teoria da relatividade nos chamam a atenção.

A **primeira**, demonstrando que "[...] a simultaneidade verificada por Newton estaria condicionada ao referencial dos observadores, isto é, à maneira como se movem no espaço-tempo."[217]. Comte-Sponville[218] ainda completa que "O fato de um mesmo acontecimento poder ser no futuro, no passado e no presente para três observadores diferentes não altera em nada o fato de que, para cada um desses três observadores, como para o próprio acontecimento (logo tanto subjetiva como objetivamente), ele exista tão-só no presente.". Conclui que tal pensamento confirmaria que "[...] somente o presente é real.".

A importância do sistema de referência, como condição para o próprio conhecimento e, consequentemente, para a busca da "verdade", não passou despercebida a Paulo de Barros Carvalho[219], que, citando Einstein, revive a estória de um

---

217. SARAPU, 2012, p. 16-17.

218. COMTE-SPONVILLE, 2006, p. 57-58.

219. CARVALHO, P. B., 2009.

trem que caminhando em movimento retilíneo e uniforme, à velocidade da luz, causaria para um passageiro e, para um lavrador fora do trem, percepções temporais diversas na percepção do acender de uma luz no interior do trem e da abertura de portas em suas extremidades, em termos de simultaneidade e sucessividade.

Citando trecho conclusivo de Goffredo da Silva Telles Junior, Paulo de Barros Carvalho[220] transcreve: "Einstein observou que os fatos presenciados pelo viajante e pelo lavrador foram rigorosamente os mesmos. Mas, disse Einstein, o lavrador não estava dentro do trem e, portanto, o seu *sistema de referência* não era o *sistema de referência* do viajante." **(g. o.)**. Mais à frente, destaca conclusivamente que o simultâneo pode ser sucessivo e vice-versa, dependendo do referencial.

A **segunda** observação sobre as conclusões de Einstein que nos faz Sarapu[221] seria a de que "[...] espaço e tempo possuem propriedades geométricas reciprocamente intrínsecas, isto é, o modo como a matéria se comporta depende da curvatura do espaço-tempo, assim como a geometria do espaço-tempo não é um dado, mas está condicionada à matéria e ao seu movimento.". Para um observador em diferentes posições, em face de idênticos eventos, teríamos diferentes "[...] medidas de tempo em razão da posição que ocupa [...]"[222].

O que nos aproveita ao tema, é que não podemos contestar a existência de fatos socialmente passados, presentes e futuros. O homem, ao recordar no presente fatos passados e atrair construtivamente no presente possibilidades factuais futuras, **unifica o sistema de referência** como observador presente, percebendo, de forma lógica, que há simultaneidade de fatos cronologicamente ocorridos em momentos diversos,

---

220. CARVALHO, P. B., 2009.

221. SARAPU, op. cit. p. 17.

222. Ibidem, p. 19.

fruto da *consciência* do homem atingida pela forma como ele percebe o mundo ao seu redor.

Como o direito não é pessoa, adotamos como premissa que a *consciência jurídica* se expressa pela validade normativa de seus elementos, no mesmo sentido de Sarapu[223]. Assim, como norma jurídica (portanto válida), teríamos a união presente na sua *validez* de possibilidades cronologicamente futuras, presentes e passadas. O momento sempre presente da validez é sua duração. O sistema de referência da validez torna-se o mesmo durante todo o período de pertinência normativa ao sistema. A validez ultrapassa todo o período cronológico que estiver no ordenamento determinado (não fazemos aqui a distinção entre sistema do direito e ordenamento jurídico). Assim, na mesma linha de Einstein, para sistemas de referência diversos, resultados diferentes em face dos sujeitos cognoscentes; para sistema de referência único, um único resultado.

O sistema jurídico utiliza temporalmente a validade normativa para fixar um único sistema de referência. Assim tem-se a possibilidade de tornar sempre logicamente presente eventos cronologicamente situados em momentos diversos (passado e futuro). Alguns exemplos de aplicação deste entendimento:

> **(i)** concessão de isenção por prazo certo: toda a carga isentiva é **logicamente presente** (produz o mesmo efeito mutilador parcial de critérios), durante um "certo tempo" (período **cronológico** determinado: dias, meses, anos...). Aqui, a simultaneidade lógica dos efeitos isentivos **(normativamente válidos)** é aliada ao contínuo dinâmico e cronológico do prazo normativamente definido;
>
> **(ii)** estipulação de data ou de prazo para a vigência de determinado veículo normativo **(válido)**: o efeito densamente presente da garantia da não aplicação/incidência de norma válida (com **lógica presença** efectual da *vacatio*

223. CARVALHO, P. B., 2009, p. 223.

legis) aliada a um **cronológico** "tempo" que não "pára de correr";

(iii) período decadencial: prazo contínuo **cronológico** estipulado pelo ordenamento **(válido)**, convivendo com a possibilidade **logicamente presente** do exercício do poder/dever de constituição de relação jurídica de débito ou indébito tributário;

(iv) período prescricional: prazo contínuo **cronológico** estipulado pelo ordenamento **(válido)**, convivendo com a possibilidade **logicamente presente** do exercício do poder/dever de constituição de relação jurídica triádica, buscando a prestação jurisdicional em face de instabilidade relacional não resolvida.

4.3.2 O tempo é a eternidade[224]

A noção de *eternidade* para Comte-Sponville reforça a definição anterior de que *tempo é o presente*, sendo, na verdade, consequência dessa afirmação. Ele[225] afirma que "[...] se só há o presente e se esse presente dura, ele continua a ser presente [...]"; é "[...] presente que permanece presente [...]".

Tal qualificação corrobora, a nosso ver, o entendimento de que a capacidade do direito como sistema normativo, assim como, sua *temporalização do tempo* têm como suporte de consciência a validade normativa, o que nos leva a aceitar que o sempre presente do direito "dura" tanto quanto a validade de seus elementos integrantes.

Diversificando a noção de *consciência jurídica* como gênero, podemos até pensar em várias espécies de *consciências jurídicas*, a exemplificar: **validade isentiva** (validade das normas de isenção, tornando sempre logicamente presente a possibilidade

224. COMTE-SPONVILLE, 2006, p. 65-88.

225. Ibidem, p. 65.

de tornar isentas pessoas e materialidades num determinado período ou a partir de um determinado momento, prazo que cronologicamente "avança pelo tempo"); **validade decadencial** (sendo possível logicamente tornar sempre presente a possibilidade de estabelecimento de relações jurídicas constitutivas de crédito tributário ou de repetição de indébito); dentre outras.

Vemos, inclusive pelos exemplos de espécies de *consciências jurídicas*, a quase repetição do que já afirmamos no tópico anterior: *o tempo é o presente*. Apenas acrescentamos que a noção de *eternidade* para Comte-Sponville nada mais é, nos seus termos, uma *"ilusão"*, pois a sucessão cronológica não se pode deter, continua fugidia. O autor[226] afirma que:

> A ilusão não está na sucessão; ela está na ideia, que acrescentamos ao mundo, de que essa sucessão seria a adição de um presente a um passado, quando ela não passa da adição do presente a ele mesmo, isto é, sua continuação, sua *duração* (não um intervalo o que ainda se ouve em "duração", mas **um ato**) ou, simplesmente, já que dá na mesma, sua *presença*. **(g.o. e negritamos).**

O que nos chama a atenção, e que tem ligação com nossa construção da *temporalização do tempo jurídico*, seria o destaque da *duração* para Comte-Sponville. Como ele trata do tempo no mundo social, dissocia **do ato** na conceituação acima, a ideia de *duração* como linguagem. Porém, entendemos que não haveria contradição entre nossa ideia de *duração jurídica*, logicamente pensada numa *consciência jurídica* expressa em linguagem, e da *duração* como pensa Comte-Sponville, pois ele trata da consciência do homem e não no mundo ficcional que é o direito; nós buscamos a "consciência" deste. Aliás, Comte-Sponville também admite a linguagem como sempre presente, quando destaca "Que não possamos pensar sem palavras, é evidente [...]"[227].

Apenas não concordamos, em face de nossas premissas, quando, na sequência, ele afirma: "[...] Mas isso não permite

---

226. COMTE-SPONVILLE, 2006, p. 69.

227. Ibidem, loc. cit.

confundir a ordem do real com a ordem do discurso. O silêncio, não a linguagem, é que é a casa do ser: no puro presente, a sucessão pura."[228]. A pureza da sucessão não a exime de ser expressa em linguagem, pois se só reconhecemos o que denominamos e o que não denominamos não percebemos, somente podemos reconhecer a "existência" da tal "sucessão pura" no mundo, quando a denominamos; senão não poderíamos nem a ela nos referir. Não haveria, então, para nós, qualquer espécie de "sucessão pura" sem linguagem. Fazemos o destaque, em face da premissa de que qualquer *sucessão densa de presentes,* como *duração* no nosso direito, só será construída e reconhecida por meio da linguagem: no direito, suportada tal duração pela normativa jurídica; em outros sistemas, pela sua linguagem própria.

Como derradeiro destaque do *tempo como eternidade,* encontramos em Comte-Sponville[229] a afirmação que "[...] o tempo, na realidade, não vai nem do futuro ao passado nem do passado ao futuro, já que permanece inteiro no presente que ele é.".

A qualificação presente no *eterno* resta, assim, solidificada na ideia de que ele é sempre o *presente da consciência* que constrói lembranças e expectativas que perduram cronologicamente, mas dando a impressão (ou a ilusão) lógica de que nunca se modifica. O *eterno,* na linha de Comte-Sponville[230] não é tempo que sempre dura, "[...] mas o sempre-presente da duração; não sua infinidade em potência, mas sua perenidade em ato." Não é a negação da *temporalidade* do *eterno,* mas a retenção da *temporalidade* na consciência.

4.3.3 O tempo é o ser[231]

Dois pontos nos chamam a atenção quando Comte-Sponville afirma que *o tempo é o ser: duração* e *insistência.* Afirma o

228. COMTE-SPONVILLE, 2006, p. 69.

229. Ibidem, p. 74.

230. Ibidem, p. 83.

231. COMTE-SPONVILLE, 2006, p. 89-101.

autor[232] que "[...] de um ponto de vista ontológico, que o tempo não tem existência independentemente da duração, como tampouco a duração independentemente do que dura. Nada existe, salvo o ser, que dura e que muda: nada existe, salvo o devir.".

A questão da *duração*, do *prazo*, volta a nos interessar em face da busca investigativa que fazemos sobre as hipóteses temporais na decadência e na prescrição. O devir (como vir-a-ser, como mudança, nos termos de Abbagnano[233]) torna dinâmico e se confunde com o próprio ser do tempo, segundo conclui Comte-Sponville. Essa noção dinâmica, associada, portanto, ao movimento e, em nosso foco, presente sempre nos atos de fala, nos remete novamente à questão do espaço-tempo de Einstein. Sem a pretensão de tratar o tema com o rigor da Física, por absoluta falta de competência para fazê-lo, constatamos, como Comte-Sponville[234] também constatou, que o espaço e o tempo ganharam cientificamente ares de dinamicidade na teoria da relatividade de Einstein.

Pois bem, aliado aos atos de fala, verificamos que os prazos no Direito (e de forma específica os relacionados à prescrição e à decadência) são presentes dinâmicos representativos do ser-tempo. O tempo, neste conceito de *duração* não representa somente a potencialidade de um ato, mas o próprio ato como realização dessa potência.

Nesse ponto, não falamos mais de *existência do tempo,* como bem concluiu Comte-Sponville[235], mas como *insistência do tempo.* Esclarece o autor[236]:

> O que entendo por insistência [...] seria antes próprio de todo ser, consciente ou não, vivo ou não: insistir, nesse sentido que a etimologia sugere, é ser-em (em quê? No ser, no presente, em tudo)

---

232. COMTE-SPONVILLE, 2006, p. 90.

233. ABBAGNANO, 2003, p. 268.

234. COMTE-SPONVILLE, op. cit., p. 90-91.

235. Ibidem, p. 91.

236. Ibidem, p. 92.

> e aí se manter, é se esforçar, é perseverar, é resistir, e isso sempre no interior de outra coisa que nos contém que é o espaço, que é o tempo, que é o mundo [...].

Nesse sentido, também concluímos que "[...] existir é insistir: porque é continuar a ser e a agir."[237]. Juridicamente, a *duração insistente do tempo,* representada normativamente pelos prazos, destaca a essência do tempo jurídico à medida que representa tempo-espaço de possibilidades efetivas e enunciativas de rompimento da inércia (aqui a insistência do ato de fala rompendo a inércia, e esta como ausência de tal ato). Destacamos que o movimento jurídico representa atos de fala não mais em potência, mas efetivos.

Assim, tempo é ***o ser,*** mas entendido, como tempo é ***o sendo,*** conforme Comte-Sponville.[238].

4.4 Tempo jurídico e princípio da segurança sob o olhar de Tercio Sampaio Ferraz Junior

Tercio Sampaio Ferraz Junior enfatiza a importância do respeito ao princípio da segurança jurídica ao enfrentar algumas situações do direito ligadas à questão temporal. É intrigante e ao mesmo tempo esclarecedor quando o professor[239] trata dos efeitos tormentosos da *duração* (nosso presente denso cronologicamente). Seu destaque:

> [...] a duração desafia o tempo cronológico, que tudo corrói: torna o passado (que não é mais) algo ainda interessante (como faz a memória) e faz do futuro (que ainda não ocorreu) um crédito, base de promessa. E a promessa, para esses efeitos, torna-se tema jurídico.

---

237. COMTE-SPONVILLE, op. cit., p. 90-91.

238. Ibidem, p. 95.

239. FERRAZ JUNIOR, T. S. *O Direito entre o futuro e o passado*. São Paulo: Noeses, 2014. p. 12-13.

> E eis aí por que é aqui que entra a **segurança como um *direito* fundamental.** ***Segurança*** **tem que ver com a consistência da duração,** isto é, com o **evitar que um evento passado** (o estabelecimento de uma norma e o advento de uma situação normada), de repente, **torne-se algo insignificante,** e o seu **futuro, algo incerto,** o que faria do tempo do direito mero tempo cronológico, uma coleção de surpresas desestabilizadoras da vida. **(g.o. e negritamos).**

Simultaneamente ao reconhecimento do autor sobre a perspectiva do sempre denso presente, seja pelo seu resgate pretérito, seja pela esperança futura, temos sua preocupação com a "[...] consistência da duração [...]"[240]. Tal preocupação valorativa resta calcada na necessidade das previsibilidades pretérita e futura serem entendidas como essenciais à harmonia social, assim, evitando "[...] surpresas desestabilizadoras [...]"[241].

Não há a possibilidade de se admitir retroatividade ou avanços no mundo natural cronológico. O Direito não tem essa pretensão, nem possibilidade. O mundo social-natural segue o ritmo contínuo e sucessivo do tempo cronológico. Mas o tempo jurídico - ou sua temporalização, melhor afirmando - segue ritmo lógico e não cronológico, pauta-se por valores positivados no sistema jurídico para garantir a própria estabilidade do sistema.

O respeito ao princípio da segurança jurídica (no seu papel de atender à sempre necessária previsibilidade) é motivo de manipulação e de controle do tempo jurídico. Ferraz Júnior[242] critica a manipulação do positivado Direito quando alerta:

> [...] o direito reduzido ao legal fazia crescer a disponibilidade **temporal** sobre o direito, cuja validade foi sendo percebida como

240. FERRAZ JUNIOR, T. S. *O Direito entre o futuro e o passado*. São Paulo: Noeses, 2014. p. 12.

241. Ibidem, loc. cit.

242. Ibidem, p. 06-07.

> algo maleável e, ao fim, manipulável, podendo ser tecnicamente limitada e controlada no **tempo**, adaptada a prováveis necessidades futuras de revisão, possibilitando, assim, em alto grau, um detalhamento dos comportamentos como juridicizáveis, não dependendo mais o caráter jurídico das condutas de algo que tivesse sempre sido direito (como acontecia com a predominância do direito consuetudinário). Essa perda da durabilidade tinha de ser compensada, o que exigiu a construção de um **tempo** conceptualizado pelo próprio direito. **(g.o.).**

O *tempo conceptualizado* apontado pelo professor, e por nós tratado como *tempo jurídico*, atua dentro dos limites axiológicos presentes no próprio sistema jurídico e que restam ali positivados (sempre implícitos como construções normativas; às vezes, expressamente enunciados; outras não, mas construídos interpretando-se contextualmente outros enunciados).

A *manipulação do tempo* no sistema jurídico sem limites e indicativa de desrespeito à segurança jurídica no seu vetor previsibilidade é a tratada por Ferraz Júnior. No entanto, quando a ela nos referimos, levamos em consideração os limites do tempo lógico do Direito atuando muitas vezes às avessas do tempo cronológico. Exemplos no direito positivo não faltam: respeito à coisa julgada, ao direito adquirido, ao ato jurídico perfeito, à irretroatividade dos efeitos normativos como regra - sendo que a exceção retroativa sói ocorre em benefício dos seus pacientes -, a *vacatio legis*, além de outros que poderíamos citar veiculados no sistema legal.

O contigenciamento do tempo, em face da possibilidade de alteração normativa, aumenta a necessidade de se estabelecerem limites principiológicos com certeza, tendo em vista que, nos termos de Ferraz Júnior[243], com o que também concordamos: "O controle do tempo mediante positivação é, assim, condição de decidibilidade.".

---

243. FERRAZ JUNIOR, T. S. *O Direito entre o futuro e o passado*. São Paulo: Noeses, 2014. p. 07.

O fato de se estabelecerem premissas axiológicas firmadas por princípios, tudo em face da possibilidade de se poder ir e vir nas lembranças e nas promessas a serem resgatadas normativamente no presente, é de crucial importância para o fim último do estabelecimento de um ordenamento jurídico: o de evitar e/ou de dirimir conflitos sociais. Não há aqui a possibilidade de se exigirem medidas absolutas ou extremadas. Tanto a imutabilidade normativa, como a não criteriosa alteração dos tempos de vida das normas jurídicas vão de encontro aos objetivos sociais estabilizadores que se busca na aplicação de um sistema jurídico. A dinamicidade no jogo temporal da validade e da vigência normativas deve seguir as necessidades apaziguadoras do grupo social ali submetido em determinado momento histórico.

Com o auxílio dos ensinamentos de Ferraz Júnior, conseguimos distinguir o tempo cronológico do tempo jurídico, acentuando as reservas que devemos ter com este último, o único que pode ser controlado pela positivação jurídica.

O tempo cronológico é irrecorrível e irrepetível, o tempo jurídico não, pois depende do "querer" normativo. Ferraz Júnior[244] esclarece que "[...] a causalidade é um tipo de relação linear e infinita [...]"; todo efeito tem uma causa, cuja cronologia natural pertence ao mundo do "é", não ao do "dever-ser". No tempo jurídico, o "querer" normativo não aposta na causalidade para a produção de efeitos, e sim na imputação deôntica. A possibilidade de se atribuírem efeitos não naturais em face do "dever-ser" implicacional, associando antecedente a consequente, fornece o controle temporal jurídico a que estamos nos referindo.

Corroborado, então, o pensamento de Ferraz Júnior[245], que preleciona que "A imputação, assim, torna o comportamento

---

244. FERRAZ JUNIOR, T. S. *O Direito entre o futuro e o passado*. São Paulo: Noeses, 2014. p. 18.

245. Ibidem, loc. cit.

(futuro) do agente um passado que se verificará ou como conduta punível ou como conduta permitida.".

A liberdade do homem em atender ou não às prescrições normativas controladoras do tempo não é característica do tempo cronológico, mas do tempo jurídico, cujos efeitos, portanto, não são inexoráveis como atribuídos àquele, mas somente pretendidos, pois a eficácia social passa ao largo do fluxo positivista; realizando-o ou não. Por sua vez o direcionamento da cronologia jurídica (do passado para o futuro ou do futuro para o passado) depende da espécie normativa de que estamos tratando.

Ferraz Júnior[246] admite que o fluxo jurídico corre do futuro para o passado, como no caso da norma penal: se matar alguém, então deve-ser a pena. Justifica corretamente o direcionamento futuro porque sanciona-se "[...] o ato de matar alguém mesmo antes de alguém matar alguém.". Porém, essa observação somente se verifica em normas com antecedente deôntico geral, que trata de situações futuras, abstratas e possíveis: se realizar a ação de matar, então, deve-ser a pena; se realizar o fato gerador do tributo, então, deve-ser está obrigado a pagar o tributo. Aqui podemos dizer que o direcionamento do fluxo jurídico começa no futuro e é atraído para o passado.

No entanto, seguindo o processo de positivação já visto no primeiro capítulo, temos que normas com o antecedente concreto vão do passado (se você matou; se você realizou o fato gerador) para um efeito consequente futuro (então, deve ser a pena; então, deve ser o tributo). De forma imediata, nas normas concretas o fluxo temporal jurídico é do passado para o futuro; nas normas abstratas, do futuro para o passado.

Podemos até pensar que, como o processo de positivação (ou concreção normativa) se origina de normas abstratas, a começar pela inicial norma posta (a Constituição Federal), que o fluxo temporal jurídico seria sempre do futuro para o passado,

---

246. FERRAZ JUNIOR, T. S. *O Direito entre o futuro e o passado*. São Paulo: Noeses, 2014. p. 21.

de forma mediata. Sim, este sempre seria o seu direcionamento, mas a direção muda no correr do processo de positivação, pois onde houver normas concretas, passado para futuro; normas abstratas, futuro para o passado. Esse jogo no tempo jurídico elucida bem sua diferença para o tempo cronológico.

Um último pensamento em face das lições de Ferraz Junior, que nos remete diretamente à questão decadencial e prescricional. A indagação é de que se o jogo jurídico teria fim ou não. Sobre isso, propõe inicialmente Ferraz Júnior[247] três possibilidades:

> **(i)** uma metalinguagem modificando as regras do jogo jurídico, finalizando-o (como a Constituição Federal, por exemplo);
>
> **(ii)** um modificar histórico, observado por agente competente fora do tempo que fizesse com que o tempo histórico comandasse o tempo jurídico;
>
> **(iii)** um superdireito que pusesse fim ao Direito. Hipóteses rechaçadas prontamente pelo mestre, pois: **(a)** a linguagem da Constituição (primeira norma posta) não é metalinguagem, é tão linguagem-objeto quanto à normativa ordinária; **(b)** o tempo histórico não controla o tempo jurídico, pois "[...] o direito não está na História, mas é histórico."[248]. E, finalmente, **(c)** se o findar do Direito viesse com um superdireito, este não seria um fator externo ao Direito, mas estaria dentro dele.

A decadência e a prescrição também não têm o condão de findar o "jogo jurídico" do Direito; produzir efeitos relacionais extintivos é continuar dentro do jogo. Como categorias do próprio Direito, são internas e não externas a ele e, segundo os passos de Ferraz Junior, elementos internos ao jogo não põem fim ao jogo.

---

247. FERRAZ JUNIOR, T. S. *O Direito entre o futuro e o passado*. São Paulo: Noeses, 2014. p. 24-25.

248. Ibidem, loc. cit.

4.5 As categorias normativo-temporais de François Ost

4.5.1 Das três teses

Três teses, afirma Ost[249], norteiam seus estudos na relação tempo-direito:

(i) a de que o "[...] tempo é uma instituição social antes de ser um fenômeno físico e uma experiência psíquica", sendo, na verdade, "[...] uma construção social [...]", destacando, com isso, que o tempo temporaliza-se, que não se posta como um observador externo, mas que "[...] participa de sua própria natureza";

(ii) a de que "[...] o direito é um discurso performativo, um tecido de ficções operatórias que exprimem o sentido e o valor da vida em sociedade.". Aqui se consolida o conceito de direito (na significação de sistema normativo) como construção intelectual vertida em linguagem criada por ele, sendo seus atos de fala performativos e prescritivos (normas jurídicas) pontos de referência na pretensão para que a vida em sociedade seja harmônica;

(iii) a de que há elo entre a "[...] temporalização social do tempo e instituição jurídica da sociedade.". Em nosso trabalho, entendemos que esse elo está nos efeitos jurídicos das normas válidas apreciadas em face do contexto social em que fatos sociais juridicizados ocorrem.

François Ost[250]afirma ter balizado sua investigação sobre o tempo jurídico em "[...] três palavras: compasso, presente e responsabilidade."[251]. O *compasso* leva a entender o Direito como medida, como "[...] ritmo que convém, a harmonia de

249. OST, F. *O tempo do Direito.* Lisboa: Instituto Piaget, 1999. p. 12-13.

250. Ibidem, p. 425-435.

251. Ibidem, p. 435.

durações diversificadas, a escolha do momento oportuno, o tempo concedido ao andamento do social."[252]. Nesse sentido, ele destaca que a lentidão do ritmo jurídico provocaria frustrações, alimentando a possibilidade de conflitos futuros; o ritmo demasiado rápido causaria insegurança.

Associando esse pensamento de François Ost ao que já destacamos na discussão sobre *consciência jurídica* apoiada na validade normativa, podemos afirmar que o ritmo está associado ao resgate de fatos (relacionado a passado) ou expectativa de eventos (referente a futuro) no plano de duração da validade. Afirma o professor francês[253] que o ritmo do direito se mostra em quatro tempos: memória, perdão, promessa e requestionamento. *Memória* e *promessa* com as funções de ligar respectivamente passado e futuro; *perdão* e *requestionamento*, desligando, respectivamente, também passado e futuro. Ligar e desligar passado; ligar e desligar futuro são propriedades temporalizadoras do *tempo jurídico* que o fazem "correr", na *consciência jurídica* do intérprete, em ritmo lógico, não raras vezes, diverso do cronológico contínuo que se observa no escorrer da areia em uma ampulheta. Ost[254] lembra-nos de que a medição por um padrão de contagem qualquer (horas, dias, minutos, datas, por exemplo) "[...] decorrendo de representações mentais e de projeções de valor [...]", denomina-se *temporalização.* Na questão da *temporalização* como ajuste social de medida, Ost[255] afirma que "A elaboração cultural do tempo resulta, pois, tanto do avanço das técnicas como de uma questão de poder.".

Entendendo ser objetivo do direito o convívio social harmônico do grupo a ele submetido, somos levados a considerar sua faceta temporal, afirmando que os prazos, como expressão da temporalização do direito relacionados à solução de instabilidades, devem atender aos anseios harmonizadores da

---

252. OST, F. *O tempo do Direito.* Lisboa: Instituto Piaget, 1999. p. 426.

253. Ibidem, p. 428-429.

254. Ibidem, p. 23.

255. Ibidem, p. 26.

sociedade que os têm. Tal ponto nos leva a questionar se os prazos em direito prescritos e imersos em um mundo digital estariam ou não cumprindo seu papel estabilizador; sendo que muitos deles foram enunciados originalmente em ambiente social-comunicativo, não no digital.

Prazos para ciência de notificações, para produção de provas, para sustentações orais, ou seja, prazos para atos enunciativos jurídicos têm sofrido alterações redutoras em face da necessidade no mundo social-digital do aumento da "velocidade temporal de resposta". Porém, os prazos de natureza decadencial e prescricional construídos do nosso CTN têm resistido a essa aceleração comunicativa digital.

Ost[256] levanta o problema dos prazos quando afirma que

> "[...] se a escrita permitiu a inscrição das sociedades numa temporalidade durável (simultaneamente memória e projeto) em compensação a linguagem midiática, bem com a difusão da comunicação informática digital, favorecem um "tempo real" que opera em "direto e ignora o trabalho do tempo.".

Será que nos dias atuais, imersos que estamos em um mundo socio digital, caracterizado por exigências de rápidas respostas e pelo acúmulo de possibilidades de requestionamentos, praticamente eternizando a possibilidade de resgate das lembranças, cujas marcas da historicidade se encontram em registros digitais, cristalizando a memória (a técnica digital o permite), não haveríamos de repensar "prazos socialmente tão longos", como o de cinco anos para constituição de crédito tributário ou para interposição de ação de execução e outros de similar espécie? Isso só para falar em termos de Direito Tributário, enfoque restrito de nossa tese.

Voltando a Ost[257], temos que ele destaca sua questão central: qual seria a justa medida temporal em termos sociais?

---

256. OST, F. *O tempo do Direito.* Lisboa: Instituto Piaget, 1999. p. 27.

257. Ibidem, loc. cit.

Destaca, assim, quatro medidas de destemporalização (formas de "recusa do tempo") que procuramos associar a questões normativo-tributárias.

4.5.2 Das patologias destemporalizantes e de seus "remédios"

A dinâmica das mudanças jurídicas é questão temporal. A primeira figura de destemporalização (desligar o tempo social-jurídico) Ost a denomina *A Nostalgia da Eternidade,* que, em resumo, seria uma recusa drástica de mudanças. Afirma Ost[258] que esta eternização nostálgica implica em que se salte "[...] fora da história e das suas incertezas para mergulhar, sem esperar mais, na ordem plena da comunidade identitária, aquela que alimenta o fantasma do 'povo uno' e gera o integrismo, a filosofia integrista.". Cita como exemplo o mito do *Reich de mil anos,* buscando eternizar o futuro, renegando o passado histórico do povo alemão, ou melhor, selecionando e reinterpretando seu passado.

Pensamos nesse aspecto destemporalizador, na prática do acatamento sem restrições de jurisprudência socialmente ultrapassada, inclusive, sumulada pelos tribunais superiores em que os fatos jurídicos que as teriam provocado não se adéquam a novos contextos sociais, resiste a mudanças decisórias em face de decisões anteriores e aplicam-se efeitos jurídicos em face de antecedentes normativos descontextualizados.

Podemos, também, pensar nos efeitos jurídicos de normas válidas, criadas em contexto social diverso em face daquele que servira de inspiração para a instituição normativa e cuja literalidade textual não mais se harmoniza com a realidade sócio jurídica da época de sua aplicação. Citamos como exemplo o art. 150, VI, "d" da CF/88. Em destaque:

---

258. OST, F. *O tempo do Direito.* Lisboa: Instituto Piaget, 1999. p. 28.

> *Art. 150. Sem prejuízo de outras garantias asseguradas ao contribuinte, é vedado à União, aos Estados, ao Distrito Federal e aos Municípios:*
>
> *VI - instituir impostos sobre:*
>
> *d) livros, jornais, periódicos e o papel destinado a sua impressão.*

Em visão mais conservadora, a imunidade tributária, como incompetência para instituir impostos sobre livros, jornais e periódicos seria aplicável somente para os produtos feitos de papel, deixando ao largo a possibilidade normativa imunizante ao denominado "livro eletrônico", pois este não restaria confeccionado em papel, mas sim por componentes eletrônicos. Portanto, imunidade somente seria aplicável a livros de papel. Ocorre que, à época da formulação de nossa Carta Magna (publicada em 1988), os meios comunicativos confeccionados em papel eram a regra na divulgação de cultura e da informação (finalidade da norma imunizante encontrada na exposição de motivos da Constituição Federal); portanto, havia um concerto social convencionado de que livros, jornais e periódicos, por excelência, seriam os de papel. Assim, por regra, o papel era importante suporte na divulgação de cultura e de informação. O meio eletrônico também já existia como meio de divulgação cultural e informativa, no entanto era exceção, por exemplo, as antigas fitas cassete reprodutoras de curso de línguas.

No entanto, o contexto social alterou-se; hoje a divulgação cultural eletrônica; os livros, os jornais e os periódicos digitais (eletrônicos) são o meio-regra, sendo o meio-papel cada vez mais relegado à exceção.

A destemporalização provocada pela *Nostalgia da eternidade* de Ost[259], insistente na "recusa da mudança" nortearia a prática de se considerar que seria livro alcançável pela norma imunizante somente o de papel em face da literalidade

259. OST, F. *O tempo do Direito.* Lisboa: Instituto Piaget, 1999. p. 28.

textual, desconsiderando a mudança histórica que ora se observa no trato comunicativo cultural.

Ost[260] fundamenta o retorno à temporalização quando se assume a "[...] desligação do tempo eterno e a abertura de um tempo novo [...]". Em nosso caso, ocorre a reação à inicial figura destemporalizadora apontada por François Ost quando se olha para a exposição de motivos da norma imunizante enunciada e se realiza o estádio interpretativo normativo da contextualização social.

Assim, nesse contexto, aplicando o método interpretativo evolutivo-histórico de se verificar o "desejo" do legislador ao instituir a norma imunizante, ou mesmo o teleológico, ao se verificar a finalidade de sua instituição e contextualizando-se socialmente a norma criada, teríamos que aceitar a imunidade aplicada também a livros denominados como "eletrônicos". É questão a ser discutida. Dessa forma faríamos, talvez, o desligamento da *Nostalgia da eternidade* apontada por François Ost e o retorno à *temporalização* social.

Em sentido completamente diverso da patologia da *Nostalgia da eternidade* (radical na sua absoluta ojeriza à mudança), François Ost destaca a denominada *Vertigem da entropia,* ele resume como "[...] a paragem da historicidade [...]"[261], como segunda figura destemporalizadora, no sentido da valorização também radical das mudanças, mas mudança sem atentar para fatos históricos carregados de experiências valiosas no preparar o futuro. É agir num apagar da memória e sem planejamento de futuro. Para Ost[262], esta patologia temporal atua

> Como se o passado, definitivamente volvido, não tivesse mais nada para nos dizer, e o futuro, decididamente demasiado incerto, não pedisse para ser construído desde hoje. Sobretudo como se o passado já não pedisse para ser reinterpretado à luz das

---

260. OST, F. *O tempo do Direito.* Lisboa: Instituto Piaget, 1999. p. 28.

261. Ibidem, p. 30.

262. Ibidem, loc. cit.

> exigências do futuro, nem esse futuro enraizado na experiência do passado.

Citamos, por exemplo, veículos normativos tributários, normalmente de caráter infralegal, que, para atender a interesses arrecadatórios ou punitivos específicos, são instituídos com caráter de validez e de vigência retroativos, abarcando fatos sociais passados que à época de sua construção não eram considerados jurídicos por ausência de norma válida a lhe emprestar possibilidades de aplicação/incidência. O "remédio" para essa patologia poderia ser a aplicação do princípio constitucional da irretroatividade que, como regra, não permite que haja criação de validade no sentido presente-passado, só permitindo-o, por exceção, em situações que beneficiem os sujeitos pacientes, como por exemplo, o artigo 106, II, "a" e "b" do CTN, a saber:

> *Art. 106. A lei aplica-se a ato ou fato pretérito:*
>
> *I - em qualquer caso, quando seja expressamente interpretativa, excluída a aplicação de penalidade à infração dos dispositivos interpretados;*
>
> *II - tratando-se de ato não definitivamente julgado:*
>
> *a) quando deixe de defini-lo como infração;*
>
> *b) quando deixe de tratá-lo como contrário a qualquer exigência de ação ou omissão, desde que não tenha sido fraudulento e não tenha implicado em falta de pagamento de tributo;*
>
> *c) quando lhe comine penalidade menos severa que a prevista na lei vigente ao tempo da sua prática.*

A *temporalização socio-jurídica* tem o seu retorno quando excetua as situações acima, aplicando retroação específica somente para beneficiar os normativamente atingidos. Com isso, respeita-se a validade das normas pretéritas (e seu sentido axiológico de segurança jurídica), sempre no intuito de harmonizar estabilidades sociais.

Também vislumbramos como "remédio" para a patologia da destemporalização futura por desejo de mudanças radicais sem lastro histórico a aplicação do princípio da anterioridade constitucional. Assim o artigo 150, III, "b", "c" e seu §1º da CF/88:

> *Art. 150. Sem prejuízo de outras garantias asseguradas ao contribuinte, é vedado à União, aos Estados, ao Distrito Federal e aos Municípios:*
>
> *III - cobrar tributos:*
>
> *b) no mesmo exercício financeiro em que haja sido publicada a lei que os instituiu ou aumentou*
>
> *c) antes de decorridos noventa dias da data em que haja sido publicada a lei que os instituiu ou aumentou, observado o disposto na alínea b;*
>
> *§ 1º A vedação do inciso III, b, não se aplica aos tributos previstos nos arts. 148, I, 153, I, II, IV e V; e 154, II; e a vedação do inciso III, c, não se aplica aos tributos previstos nos arts. 148, I, 153, I, II, III e V; e 154, II, nem à fixação da base de cálculo dos impostos previstos nos arts. 155, III, e 156, I.*

O valor da previsibilidade aí embutido, como corolário do princípio da segurança jurídica, respeita, por regra, o histórico presente contributivo dos administrados, à medida que lhes cede período de preparação para a cobrança de novos tributos ou de seu aumento.

Como harmonização das duas patologias radicais: da ojeriza a mudanças e da sua incauta supervalorização, Ost[263] cita a situação do magistrado que não descura de precedentes jurisprudenciais sólidos na decisão presente que fornecerá subsídios para expectativas futuras.

Completando seu exemplo, destacamos que, também, o magistrado não está impedido de decidir de forma diversa da jurisprudência, caso a mudança interpretativa seja necessária ao contexto social aplicável. Essa é uma medida de retorno à *temporalização social-jurídica* proposta por Ost. Porém, também não deve ser aplicada de forma absoluta e radicalizada.

263. OST, F. *O tempo do Direito.* Lisboa: Instituto Piaget, 1999. p. 32.

Não pode haver uma excessiva "[...] valorização da duração [...]" conduzindo a uma ilusão de homogeneidade do tempo social-jurídico, que, ao contrário do tempo do mundo social, não se caracteriza por ser sempre contínuo.

A terceira patologia destemporalizadora apresentada denomina-se *Tentação do determinismo.* Ost[264] destaca que "[...] o determinismo assume agora a forma da mudança extremamente radicalizada: uma mudança valorizada para si mesma, que acarreta uma prodigiosa aceleração dos ritmos temporais e se traduz pela imposição da urgência como temporalidade vulgar.". O determinismo, segundo o autor, tem como característica, não raras vezes, o desejo único de mudar por mudar, não se atendo aos motivos, nem aos efeitos dessa transformação; o mudar surgiria como "[...] um objetivo em si [...]"[265].

Para tal patologia, Ost propõe que se dê "tempo ao tempo"[266], para que se fuja da "tirania da urgência" e da "cultura da impaciência", criada e fortalecida por um executivo que governa por meio de expedientes circunstanciais (normas infralegais), de costas para a lei e até para a Constituição Federal ou por um judiciário que busca em súmulas não o consenso jurídico prudente de uma jurisprudência, mas uma resposta rápida, mecânica a ações particulares como se gerais fossem. É o "limpar a mesa".

Preleciona o autor que a lentidão muitas vezes é virtude, pois propicia o diálogo e a reflexão contra, exatamente, este mundo agitado do tempo da informação digital. Mas um último perigo patológico aponta François Ost nesse percurso dinâmico do estudo do tempo jurídico ou de sua *temporalização*: *O risco da discronia,* que entendemos como o perigo da não concatenação social dos diferentes ritmos do tempo.

264. OST, F. *O tempo do Direito.* Lisboa: Instituto Piaget, 1999. p. 35.

265. Ibidem, loc. cit.

266. Ibidem, p. 36.

Afirma Ost que "[...] o tempo é plural, evidentemente, e o seu domínio é tanto o da simultaneidade (tudo o que se passa 'ao mesmo tempo') como o da sucessividade"[267]. É questão apenas de ritmos sociais peculiares e diversos. Isso nos leva a pensar que tempos diferentes devem coexistir em prol da harmonia social.

O tempo natural contínuo e sucessivo, ao lado do tempo social (do trabalho, do mercado, digital) e do tempo jurídico, caminham em sentidos sociais diversos, o que pode causar desintegração social, conflitos. Aceitar, como ensina Ost[268], que há tempos diferentes para diferentes papéis sociais é compreender que não havendo um tempo único para todas as situações, deve haver um método (um ferramental social) que propicie a convivência comum, a integração social em face de temporalizações tão diversas. Ele chama tal mecanismo de *"embreagem"* das forças temporais sociais que possuem distintas velocidades. Tal mecanismo faz com que se deva ser cauteloso em face de análises temporais, por exemplo: para concluirmos se a justiça é lenta ou não em determinadas situações, pois ao propiciar diversos prazos tanto para apresentação de provas como para defesas, recursos e outras categorias processuais, algumas questões levam anos para serem decididas.

No entanto, tal prazo pode ser considerado longo em termos cronológicos de vida; em termos naturais; porém, pode não o ser em termos jurídicos (harmonizadores sociais), ao se garantir toda a possibilidade de se aproximar ao máximo dos fatos a que se tem acesso na busca da verdade. Claro que não a verdade dos eventos naturais e sociais por completo, como ocorrido, mas a verdade jurídica (da lógica jurídica) dentro da regra do jogo do Direito, nos termos de Fabiana Del Padre Tomé, que ensina:

---

267. OST, F. *O tempo do Direito.* Lisboa: Instituto Piaget, 1999. p. 37.

268. Ibidem, p. 38.

> A verdade que se busca no curso de processo de positivação do direito, seja ele administrativo ou judicial, é a verdade lógica, quer dizer; a verdade em nome da qual se fala, alcançada mediante a constituição de fatos jurídicos, nos exatos termos prescritos pelo ordenamento: a verdade jurídica.[269] **(g. o).**

Os prazos jurídicos, com suas idas e vindas, com seus resgates do passado e de suas expectativas, com suas suspensões e reinícios obedecem à regra do jogo jurídico que deve refletir os anseios da sociedade por estabilidade de suas relações.

A *embreagem* citada por François Ost é o entendimento de que todo grupo social tem *direito ao tempo,* ao "[...] *seu* tempo, o direito ao *seu* ritmo [...]"[270]. Dessa forma há condições de todos reconstruírem, dentro de sua peculiar velocidade, o seu passado e de construírem, com base nas experiências passadas, o seu futuro.

A lentidão processual, seja administrativa ou judicial, tem que ser analisada com base não somente em critérios de eficiência, mas também de eficácia sócio-valorativa para que possa bem cumprir seu papel harmonizador, cultor de estabilidade social.

Diante da necessidade de celeridade das decisões, em face das situações de instabilidade, exigindo prazos mais curtos para os atos jurídicos performativos, ao lado da também necessidade de se repensar os atos jurídicos em face de seus efeitos, a patologia dos ritmos sociais variados deve encontrar, como Ost declara, a "[...] concordância dos tempos de uns e de outros."[271].

Essas são as patologias e os possíveis "remédios" destacados por François Ost com nossas singelas observações.

---

269. TOMÉ, 2005, p. 25.

270. OST, 1999, p. 39.

271. Ibidem, loc. cit.

4.5.3 Buscando a retemporalização (o enlace tempo-direito)

Como Ost afirma, busca-se na relação tempo-direito a "justa medida temporal"[272], aquela que repudia tanto a ideia de um *tempo imutável,* absolutamente fixo, que impede o amoldamento normativo a novas situações, tanto quanto a de um "tempo exageradamente móvel"[273], fomentador de um futuro totalmente imprevisível e circunstancial, privando-nos de quaisquer referências históricas já experimentadas. O autor propõe mecanismos reguladores na relação tempo-direito, destacando quatro categorias temporalizadoras capazes de regular o ritmo temporal: *perdão* e *memória* (desligando e ligando o passado) ao lado da *promessa* e do *requestionamento* (ligando e desligando o futuro).

Porém, temos que fazer a análise de cada categoria contextualizada em face das demais, para não correr o risco, segundo Ost, de não conseguir " produzir um tempo portador de sentido."[274].

Assim, ainda conforme Ost[275], temos que o *perdão* associa-se à *memória* e a *promessa* ao *requestionamento.* Em breves linhas, teríamos o *perdão* "apagando" o passado em nome de uma liberdade futura; a *promessa* tornando o futuro previsível, portanto, mais seguro; a *memória* projetando promessas no passado; o *requestionamento* antecipando o *perdão.* Tudo isso, segundo Ost[276] na busca dinâmica do tempo social (ligando e desligando no presente, tanto passado como futuro). Estabilidade e alterações normativas devem andar lado a lado em equilíbrio dinâmico evitando as patologias da destemporalização social.

---

272. OST, 1999, p. 41.

273. Ibidem, loc. cit.

274. Ibidem, p. 45.

275. Ibidem, p. 43.

276. Ibidem, loc. cit.

Memória e *perdão* agem de forma dialética. *Memória* ocorre no uso dos "[...] precedentes judiciários [...] e dos direitos inderrogáveis."[277]. *Perdão*, por sua vez, o juiz "[...] pelo justo castigo que decide ou pelo perdão social que concede [...]"[278], frustrando, no mais das vezes, precedentes jurisprudenciais firmados. Há *perdão* na anulação de atos-norma administrativos ou nas declarações de inconstitucionalidade de leis, com efeitos retroativos.

Lembra Ost, no entanto, em posição aristotelicamente harmonizadora e mediana, que "o perdão não é isento de perigo"[279] em face do esquecimento provocado com anistias perturbadoras e incentivadoras de futuras infrações em face de seu alcance e regularidade, assim como a manipulação do passado por leis de alcance retroativo. Lembra Ost que "[...] o respeito pela memória constitui a própria condição de um perdão sensato."[280].

Por outro lado, temos nas leis, nos acordos e contratos, exemplos de *promessa*, fornecendo ao Estado de direito, segundo Ost, um "[...] voto de estabilidade e segurança: os pactos privados [...]"[281], restando garantidos e o Estado cumprindo as próprias leis.

Mas o extremismo nos atos de fala performativos e também prescritivos da *promessa* com características absolutamente imutáveis deve ser contido por meio de requestionamentos futuros, desligando-o, quando necessário, em face de mudanças circunstanciais: pactos privados e normas válidas devem ser analisados à luz de eventuais mudanças contextuais ao longo de seu interregno de validade. Reveste-se,

277. OST, 1999, p. 43.

278. Ibidem, loc. cit.

279. Ibidem, p. 44.

280. Ibidem, loc. cit.

281. Ibidem, loc. cit.

assim, tal desligamento do futuro, segundo Ost[282], em situações excepcionais.

Destacamos trecho do pensador francês[283] extremamente didático sobre a interação dos quatro momentos temporais.

> Sem memória, uma sociedade não conseguiria ter uma identidade nem aspirar a qualquer espécie de perenidade; mas sem perdão, expor-se-ia ao risco da repetição compulsiva dos seus dogmas e dos seus fantasmas. Em compensação, como vimos, o perdão sem memória remete-nos ao caos inicial dos cálculos interesseiros ou reconduz-nos ao confuso abismo do esquecimento. Sem promessa, a sociedade vai errando por aí, como se dizia outrora dos vagabundos, gente 'vadia', 'sem fé nem lei'; mas sem requestionamento, lá virá o dia em que a lei oprimirá e o contrato explorará. Radical, o requestionamento mergulhar-nos-á, contudo, num tempo indeterminado que, decididamente, não passa da figura inversa, igualmente pouco portadora de sentido, do tempo canônico da memória obsessiva.

Vemos, portanto, que o sentido social do tempo, seu ritmo, advém da interação dinâmica, dialética e ponderada da intervenção simultânea das quatro categorias temporais de François Ost: *memória, perdão, promessa* e *requestionamento.*

Mais próximos encontramo-nos agora de entender os mecanismos rítmicos do tempo do direito. Vamos abordar mais detidamente essas quatro categorias rítmicas em face de categorias do Direito Tributário.

4.5.3.1 A memória (ligando o passado)

François Ost destaca que a inicial "[...] forma do tempo jurídico instituinte é a da memória [...] que recorda que há o dado e o instituído."[284]. Porém o ritmo dessa *memória* estaria

282. OST, 1999, p. 44.

283. Ibidem, p. 45.

284. Ibidem, p. 51.

relacionada a "[...] um passado composto que se apresenta para ser analisado."[285].

A *memória jurídica* reconstrói no presente um passado composto, normativo, individual e subjetivo, como se fosse social e objetivo, além de seletivo, ou seja, convive com "esquecimentos" e lembranças selecionados. Este é o ligar o passado como efeito da *memória*.

Para Ost[286], o passado composto é heterogêneo revelando-se em quatro dimensões: **(i)** tempo das fundações (momento inaugural institucional); **(ii)** tempo da longa duração (é o tempo das tradições que permanecem); **(iii)** passado histórico (atos e acontecimentos demarcados); **(iv)** tempo intemporal das invariantes jurídicas, como "[...] certas exigências de justiça [...]", argumentações e interpretações recorrentes. Esta última nos interessa por se relacionar à relação tempo-direito. No ligar o tempo jurídico, reduzimos o tema à questão da validade normativa (expressa por meio dos textos legais, súmulas vinculantes e outras categorias jurídicas de linguagem prescritiva), tendo em vista a premissa de ser o Direito sistema constituído por normas jurídicas exclusivamente.

A correlação *memória-validade* fora abordada também por Raffaele de Giorgi, quando afirma que "A validade do direito é a memória do sistema. Como memória, a validade permite que o sistema recorde e esqueça ao mesmo tempo."[287].

Portanto, a *memória jurídica* é normativa, o que significa que o legislador seleciona normativamente no mundo social ou fora dele (mundo ficcional) hipóteses consideradas relevantes em face dos efeitos correlatos pretendidos.

A *memória* jurídica tem coerência lógica em face das hipóteses normativas selecionadas pelo legislador e não "[...] reside na superabundância de informações e de imagens geradas

285. OST, 1999, p. 54.

286. Ibidem, loc. cit.

287. DE GIORGI, R. *Direito, tempo e memória.* São Paulo: Quartier Latin, 2006. p. 64.

pelos meios de comunicação [...]"[288] imediatistas e pontuais, como alerta François Ost.

A *memória* global não tem "[...] nada em comum com a memória normativa [...]"[289], que seleciona o que deve ser lembrado e o que deve ser esquecido. Isso é um paradoxo, pois a *memória*, cujas características que nos interessam são as exclusivamente jurídicas, depende do esquecimento para ser seletiva e diversa da *memória* simplesmente cumulativa de informações. Como afirma Ost "[...] qualquer organização de memória é igualmente organização do esquecimento."[290].

François Ost destaca que:

> Antes de regular o comportamento dos agentes ou de resolver os seus conflitos, é preciso com efeito definir o jogo em que se inscreve a sua ação. Antes de manejar a distinção do legal e do ilegal, daquilo que é permitido e proibido, é preciso criar o quadro geral da interação no seio do qual essas distinções ganham sentido.[291].

Os princípios jurídicos resgatam no presente valores sociais relevantes e que, necessariamente, devem ser preservados e servir de contextualização jurídica tanto na instituição de normas de estrutura, como de comportamento. Representam, assim, espécie axiológica de *memória jurídica*. Nesse sentido, conclui Ost que as principais regras do jogo jurídico "[...] não são as que definem 'lances' autorizados e as 'faltas' proibidas, mas as que determinam as convenções fundadoras do jogo [...]"[292].

Por seu turno, a validade normativa como instrumento jurídico preservador da *memória*, permite que no presente resgatemos prescrições pretéritas aplicáveis, mas com o

288. OST, 1999, p. 57.

289. Ibidem, loc. cit.

290. Ibidem, p. 63.

291. Ibidem, p. 90.

292. Ibidem, loc. cit.

cuidado de interpretá-las sob contexto principiológico atual (portanto, de origem valorativa social contemporânea). Esse é o sentido do tempo-social pretendido ora sob a ótica jurídica.

A questão da "autoridade do precedente"[293], como caracterizador de *memória jurídica* também não passou despercebida a Ost. Ele destaca que sua invocação como motivação decisória deve, obrigatoriamente, levar em consideração a "[...] razão fundamental que explica a decisão."[294].

A nosso ver, o precedente jurisprudencial é importante instrumento temporalizador da *memória jurídica,* desde que sua escolha não seja simplesmente conveniente e circunstancial (escolha de precedentes que garantam interesses ideológicos prévios não necessariamente contextualizados valorativamente no presente e no interesse social). A busca na *memória jurídica* de precedentes jurisprudenciais tem o intuito de fornecer credilibilidade, uniformidade e legitimidade a decisões relacionadas a situações fácticas similares. É a busca da segurança jurídica como ferramenta decisória estabilizadora.

As garantias constitucionais do respeito ao direito adquirido, à coisa julgada e ao ato jurídico perfeito são resgates memoriais em um presente construtor de contemporâneos efeitos. É a *memória* mostrando-se seletiva em nome da segurança jurídica, não permitindo "desligamento" de direitos já estabilizados. Nesse sentido, François Ost destaca que a função da *memória jurídica* se resumiria, na maior parte das vezes, a "[...] Garantir os seus direitos fundamentais, sancionar os seus direitos adquiridos, consagrar as suas legítimas expectativas [...]"[295].

"Punir é, pois, antes do mais, recordar."[296]; aqui a *memória jurídica* seleciona e resgata normativamente, pela validade,

293. OST, 1999, p. 112.

294. Ibidem, p.113.

295. Ibidem, p.118.

296. Ibidem, p.128.

hipóteses sancionadoras. Ao lado destas, temos o resgate memorial dos fatos a elas submetidos em processo positivo de comparação linguística: fatos qualificados como jurídicos infracionais.

Destacamos que, se a validade normativa concentra uma *memória jurídica hipotética,* temos que o resgate factual somente é possível em face de informações construídas dos elementos linguísticos de provas. As provas como concentração de fatos são marcas da historicidade do que talvez tenha acontecido no mundo social e representam o instrumento pelo qual se perfaz uma *memória fáctica.*

No momento presente a genérica *memória jurídica* punitiva apresenta duas facetas: a *memória hipotética infracional* (pela validade normativa) e a *memória fáctica infracional* (pelas construções probatórias que lhe dão suporte).

Para Ost[297] há três dimensões temporais atribuíveis às funções da penalidade: prevenção, reparação e retribuição. Todas se utilizam do ritmo temporalizante da *memória jurídica infracional* em suas duas facetas: hipotética e factual.

A **preventiva** cultiva a esperança no futuro para que não haja "[...] a prática de comportamentos julgados indesejáveis"[298]. Exemplo: em face de resgate presente específico (*memória*) do comportamento fiscal de contribuinte considerado contumaz não cumpridor de seus deveres tributários, aplica-se preventivamente regime especial de apuração, para que a indesejável situação social de inadimplência não mais ocorra.

A **reparadora** "[...] preocupa-se essencialmente com a vítima, a quem procura compensar pelo dano."[299]. Aqui vislumbramos dois aspectos da *memória jurídica:* a que resgata no presente **(i)** fatos infracionais pretéritos cometidos e **(ii)** fatos danosos a vítimas. Em termos tributários, o efeito danoso é para toda sociedade. Pelo não pagamento de tributo, temos

297. OST, 1999, p. 128.

298. Ibidem, loc. cit.

299. Ibidem, loc. cit.

que o efeito reparador seria o da cobrança de juros de mora de caráter indenizatório, cujo cálculo deve ser proporcional ao quantum de dano causado ao erário e avaliado pelo resgate memorial como medida social estabilizadora.

Por sua vez, a **retributiva** é a função temporal da pena que "[...] pressupõe uma concepção da justiça centrada, desta vez, no mal passado (a infração) a que tentamos fazer corresponder um mal equivalente (a pena)."[300]. Em termos penais-tributários, pelo resgate em *memória* da gravidade infracional, busca-se segurança no futuro para que aquele contribuinte, e outros a exemplo dele, não venham a cometer infrações, pois se aplica penalidade que procura ser proporcional ao mal cometido. Como afirma Ost "retribuir é pagar de volta".[301].

Mais alguns exemplos dos efeitos da *memória* jurídica:

(i) Declaração de inconstitucionalidade com efeito *ex nunc* e *erga omnes:* a invalidez normativa, após resgate e seleção de normas tidas como inconstitucionais, ocorre no sistema desde o momento da publicidade do declarado. Avaliam-se socialmente os efeitos normativos de tal declaração, resgatando no presente e preservando na *memória jurídica* os efeitos jurídicos alcançados no passado. A validez normativa é preservada antes da declaração, apenas sendo retirada após sua publicidade (ou da data prevista na própria declaração). É o efeito *memória* assegurando estabilidades jurídicas passadas aliadas a novas situações futuras pretendidas à segurança.

(ii) Princípio da irretroatividade da lei do art. 150, III, "a" da Constituição Federal.

> *Art. 150. Sem prejuízo de outras garantias asseguradas ao contribuinte, é vedado à União, aos Estados, ao Distrito Federal e aos Municípios:*

300. OST, 1999, p. 129.

301. Ibidem, loc. cit.

> *III - cobrar tributos:*
>
> *a) em relação a fatos geradores ocorridos antes do início da vigência da lei que os houver instituído ou aumentado;*

Preserva situação memorial estável de não incidência tributária, para aqueles que não foram ainda alcançados em face de ausência de vigência normativa da novel exigência.

(iii) O art. 106, I do CTN que dispõe sobre normas tributárias interpretativas:

> *Art. 106. A lei aplica-se a ato ou fato pretérito:*
>
> *I - em qualquer caso, quando seja expressamente interpretativa,* ***excluída a aplicação de penalidade à infração dos dispositivos interpretados; (g. n.).***

Respeita-se a *memória jurídica,* mantendo-se a qualificação de não infracionais a fatos resgatados de eventos passados que, pela nova interpretação normativa, corresponderiam atualmente a fatos infracionais. É visão presente da manutenção da estabilidade jurídico-relacional com vistas a um futuro estável. Novas interpretações normativas não podem causar instabilidades à sociedade; aqui está a ligação com a variável rítmica da promessa, cujo enfoque legal será visto mais adiante.

Essas nossas considerações em face da composição temporal rítmica da *memória,* ligando o passado na busca do fim social do tempo jurídico, mas não descurando da contextualização das demais variáveis rítmicas, especialmente o *perdão* e a *promessa.*

4.5.3.2 O perdão (desligando o passado)

Perdoar, para François Ost, é "saldar o passado"[302], é resgatá-lo e desligá-lo sem ressentimentos, é dar uma segunda

302. OST, 1999, p. 42.

chance a um passado que deve ser "[...] revisitado, reordenado, reapropriado, reinterpretado."[303]. Mas esse "ultrapassar consciente do passado"[304] seleciona situações pretéritas a serem esquecidas, reconstruindo-as factualmente e atualizando-as em face da ação da *memória seletiva.*

Segundo Ost[305], temos diversas causas para os esquecimentos provocados pela categoria rítmica do *perdão:* algumas retemporalizadoras sociais; outras, patológicas. François Ost exemplifica a problemática rítmica temporal do *perdão* em face dos seguintes requestionamentos:

> [...] como é que, no exercício da sua missão, o juiz articulará a inevitável retroatividade das suas intervenções e o desejo legítimo de segurança jurídica? Por outras palavras, como conciliar fidelidade ao texto pré-estabelecido e necessidade de mudança quando o juiz analisa à luz do seu temor a situação que resolve?[306].

Nesse contexto, o ideal à *memória* seria a prática jurídica do esquecimento com prévia seleção de fatos a serem perdoados, visando à segurança futura. Teria o *perdão* como "embreagem mediadora" associando a *memória seletiva* à criação de expectativas seguras para o futuro pela *promessa,* na busca de necessário "equilíbrio da balança jurídica"[307] a ser aplicada ao caso concreto.

Em termos normativos, desligamos o passado pelo *perdão*, atribuindo invalidez normativa, ou até retirada da vigência ou dos efeitos jurídicos de norma válida e vigente, com a extinção de relações jurídicas efectuais ou com a mitigação de seus efeitos. Em termos jurídicos, podemos incluir em rol

303. OST, 1999, p. 153.

304. Ibidem, p.154.

305. Ibidem, loc. cit.

306. Ibidem, p.155.

307. Ibidem, loc. cit.

exemplificativo algumas de suas categorias normativas, a saber:

(i) Declaração de inconstitucionalidade em controle concentrado, com efeito *ex tunc:* a invalidez normativa, após resgate e seleção de normas tidas como inconstitucionais, efetua-se com sua retirada do sistema desde o momento de sua introdução, dando margem a que sejam juridicamente compensados no futuro quaisquer efeitos danosos durante todo o prazo de validez das normas inconstitucionais. É uma espécie de *perdão* que causa "esquecimento" em nível de validade normativa. O intuito é o bem-estar social retirando normas declaradas inconstitucionais.

(ii) Princípio da irretroatividade: construído do dispositivo constitucional abaixo:

> *Art. 150. Sem prejuízo de outras garantias asseguradas ao contribuinte, é* ***vedado*** à União, aos Estados, ao Distrito Federal e aos Municípios:
>
> *III - cobrar tributos:*
>
> *a) em relação a fatos geradores ocorridos* ***antes do início da vigência*** *da lei que os houver instituído ou aumentado;* ***(g.n.).***

Na verdade, o princípio da irretroatividade não "esquece" a validade normativa, pois esta não é atingida pela ausência de vigência. O "esquecimento", aqui dito "*perdão*", tem um sentido lógico de não alcançar fatos que não poderiam ser considerados jurídicos em face de norma válida não possuir a qualidade da vigência (possibilidade de qualificação de fatos em fatos jurídicos). Os fatos não jurídicos devem ser "esquecidos" juridicamente, daí a ideia de *perdão*. Essa variável rítmica de *perdão* obsta qualificar fatos não alcançados por vigência normativa ao nível de fatos jurídicos.

(iii) O **artigo 106, II do CTN** contém exemplos de temporalização do aspecto rítmico do *perdão*. Analisando o dispositivo:

Art. 106. A lei aplica-se a ato ou fato pretérito:

II - tratando-se de ato não definitivamente julgado:

a) quando deixe de defini-lo como infração;

b) quando deixe de tratá-lo como contrário a qualquer exigência de ação ou omissão, desde que não tenha sido fraudulento e não tenha implicado em falta de pagamento de tributo;

c) quando lhe comine penalidade menos severa que a prevista na lei vigente ao tempo da sua prática.

Aqui, o contrapeso do *perdão*, restringindo a ação de fala do esquecimento com vistas ao sentido social do tratamento do tempo jurídico, como já destacado, encontra-se no respeito à *memória* resgatada e não alterada das relações jurídicas estabilizadas em face de trânsito em julgado já acontecido. O respeito ao ato definitivamente julgado é fruto da bem-vinda dinâmica rítmica apontada por François Ost.

O desligar passado fáctico infracional, conforme **alíneas "a"** e **"b"** do **artigo 106, II** do **CTN**, não se dá por um ato deliberado de "esquecimento" manipulador, mas por sadia contextualização mitigada no presente tendo em vista passado mais severo e com "olhos" em um futuro menos punitivo e mais conciliador. É o *perdão* do fato infracional, mas com limites condicionais de aplicação (ato não definitivamente julgado, cometido sem fraude e sem implicação em falta de pagamento do tributo). O *perdão* nestes dispositivos propostos não atinge a validade normativa, mas a sua vigência, desqualificando juridicamente fatos.

É diverso o desligar passado do **artigo 106, II, "c"** do **CTN**, que não perdoa (não "esquece") o fato infracional, que permanece juridicamente intacto; mas atinge o objeto prestacional sancionatório devido, mitigando no presente os efeitos jurídicos do cometimento da infração. Atinge-se o quantum de penalidade - denominamos de *perdão efectual* ou *esquecimento efectual* - porém, de forma parcial, aplicando-se pena menos rigorosa. O *perdão* nesse dispositivo proposto não atinge a validade normativa, nem sua vigência, pois o fato infracional permanece juridicizado; o que resta atingido é o efeito jurídico do cometimento da infração, suavizando seus efeitos.

O mesmo cuidado teve aqui o legislador na aplicação criteriosa das espécies de *perdão (factual ou efectual)*, condicionando tal prática a atos não definitivamente julgados.

(iv) O **art. 112** do **CTN** também é exemplo da aplicação rítmica do *perdão*, atingindo vigência ou efeitos jurídicos. O dispositivo:

> *Art. 112. A lei tributária que* ***define infrações, ou lhe comina penalidades, interpreta-se da maneira mais favorável ao acusado****, em caso de* ***dúvida*** *quanto:*
>
> *I - à capitulação legal do fato;*
>
> *II - à natureza ou às circunstâncias materiais do fato, ou à natureza ou extensão dos seus efeitos;*
>
> *III - à autoria, imputabilidade, ou punibilidade;*
>
> *IV - à natureza da penalidade aplicável, ou à sua graduação.* ***(g. n.).***

Quando o dispositivo prescreve que se deve interpretar leis definidoras de infração ou prescritoras de penalidades da maneira mais favorável ao acusado (sendo parcial mesmo) em caso das dúvidas ali arroladas, há a pretensão normativa de temporalização social do direito, com vistas à extinção ou redução de efeitos punitivos, mas com "olhar" presente num futuro redutor de instabilidades.

A interpretação mais favorável à capitulação legal do fato ou à sua natureza e circunstâncias materiais, configura-se, a nosso ver, *perdão* em relação à vigência normativa que depende da coincidência verbal e espaço-temporal do fato à hipótese normativa.

Na aplicação do **artigo 112** do **CTN**, nessas preliminares dúvidas apontadas, cria-se obstáculo à subsunção normativa, não como ineficácia técnica, mas por não "encaixe" do fato construído à construção hipotética mais gravosa. Evita-se a qualificação do fato como jurídico mais grave; qualificando-o, também por subsunção, ou à hipótese menos grave ou a nenhuma hipótese válida e vigente.

Diversa é a caracterização do *perdão* às restantes dúvidas arroladas no **artigo 112** do **CTN:** quanto à natureza ou extensão dos efeitos dos fatos construídos, ou de sua autoria, imputabilidade, punibilidade ou até quanto à natureza das penalidades correlatas ou sua graduação. Aqui o "esquecimento" benéfico atinge os efeitos jurídicos relacionais, seja no seu aspecto subjetivo, seja no quantitativo.

A preocupação social de temporalização neste dispositivo privilegia a faceta previsibilidade do princípio da segurança jurídica que não permite, em casos de dúvida, que as instabilidades sociais jurídicas não sejam resolvidas da maneira mais favorável à sociedade.

(v) A isenção dos artigos 176 e 177 do CTN

Isenção, conforme Paulo de Barros Carvalho, é entendida como norma de estrutura que atinge critério de regra-matriz de incidência tributária, diminuindo parcialmente seu campo de incidência. O **artigo 176** do **CTN** prescreve seu modo condicionado de aplicação, que é restrita a determinados tributos, prazos, modo de produção legal e demais condições e requisitos, inclusive territoriais.

> *Art. 176. A isenção, ainda quando prevista em contrato,* ***é sempre decorrente de lei*** *que especifique as* ***condições e requisitos exigidos*** *para a sua concessão, os* ***tributos a que se aplica*** *e, sendo caso,* ***o prazo de sua duração.***
>
> *Parágrafo único. A isenção* ***pode ser restrita*** *a determinada região do território da entidade tributante, em função de condições a ela peculiares.* ***(g.n.).***

Nesse sentido, tirando do campo possível de incidência situações ou pessoas atingidas pelo alcance mutilador, temos que a norma isentiva teria o efeito de invalidar quaisquer possibilidades de alcance de tais situações ou pessoas. O artigo 177, II do CTN permite esta conclusão.

> *Art. 177. Salvo disposição de lei em contrário, a isenção não é extensiva:*
>
> *II - aos tributos instituídos posteriormente à sua concessão.*

A regra geral do artigo é a aplicação retroativa, invalidando parcialmente critérios da regra-matriz de incidência tributária. É situação logicamente retroativa, mas necessariamente não retroativa em termos cronológicos, pois as normas isentivas podem ser instituídas simultaneamente às normas de incidência tributária, cujo efeito continuará a ocorrer a tributos logicamente já instituídos.

Para aqueles que partem da premissa de que isenção seria uma não incidência qualificada, a norma isentiva poderia ser pensada como obstáculo a normas tributárias instituidoras de tributos que restariam parcialmente ineficazes tecnicamente.

Com isso, para a isenção como norma de estrutura mutiladora parcial de critério de regra-matriz de incidência tributária, teríamos a presença da categoria temporal do *perdão* atingindo validade normativa. Para a isenção como norma obstáculo à incidência de regra-matriz de incidência tributária, teríamos a presença da categoria temporal do *perdão* criando ineficácia técnica à aplicação/incidência de norma instituidora de tributo.

(vi) A anistia dos artigos 180 e 181 do CTN

Anistia: apesar da validade e vigência normativas pretéritas, o *perdão* pela anistia resgata no presente selecionados fatos jurídicos infracionais relacionados a eventos pretéritos (portanto, fruto de aplicação/incidência), extinguindo seus efeitos jurídicos sancionadores.

A aplicação da anistia não tem o condão de fazer com que o direito "esqueça" da infração cometida, pois norma válida e vigente fora incidida de modo que o fato jurídico infracional fora construído, e seu efeito jurídico relacional também.

A *memória* normativa resta preservada na aplicação da anistia, seja pela validade ainda presente seja pela constância do fato jurídico infracional, fruto do exercício da vigência normativa.

A anistia tem efeito extintivo de *perdão* dos efeitos jurídicos sancionatórios previstos em norma pertencente ao sistema (válida); não "esquece" da infração cometida, o que gera efeito em possível análise de precedentes desabonadores do anistiado. Analisemos os artigos 180 e 181 do CTN sob a ótica temporal.

> *Art. 180. A* ***anistia*** *abrange* ***exclusivamente*** *as* ***infrações cometidas anteriormente à vigência da lei que a concede,*** não se aplicando:
>
> *I - aos atos qualificados em lei como crimes ou contravenções e aos que, mesmo sem essa qualificação, sejam praticados com dolo, fraude ou simulação pelo sujeito passivo ou por terceiro em benefício daquele;*
>
> *II - salvo disposição em contrário, às infrações resultantes de conluio entre duas ou mais pessoas naturais ou jurídicas.* ***(g.n.).***

Vê-se pelo dispositivo acima tanto a preocupação pelo resgate exclusivamente pretérito de fatos enunciados como a preocupação de se preservar no presente a *memória* da validade normativa da norma sancionadora.

O rol exaustivo de situações excludentes da aplicação/incidência da norma anistiante (incisos I e II do artigo 180 do CTN) denota preocupação temporal-social futura, pois fatos jurídicos infracionais contravencionais, criminosos, dolosos, fraudulentos, simulatórios e até praticados em conluio não são alcançados pelo "esquecimento" do *perdão*. Não há desligamento pretérito por anistia nessas situações.

Mesma preocupação limitadora, observamos nas prescrições condicionais anistiantes dos artigos 181 e 182 do CTN, *in verbis*.

> *Art. 181. A anistia pode ser concedida:*
>
> *I - em caráter geral;*

> *II - limitadamente:*
>
> *a) às infrações da legislação relativa a determinado tributo;*
>
> *b) às infrações punidas com penalidades pecuniárias até determinado montante, conjugadas ou não com penalidades de outra natureza;*
>
> *c) a determinada região do território da entidade tributante, em função de condições a ela peculiares;*
>
> *d) sob condição do pagamento de tributo no prazo fixado pela lei que a conceder, ou cuja fixação seja atribuída pela mesma lei à autoridade administrativa.*
>
> *Art. 182. A anistia, quando não concedida em caráter geral, é efetivada, em cada caso, por despacho da autoridade administrativa, em requerimento com a qual o interessado faça prova do preenchimento das condições e do cumprimento dos requisitos previstos em lei para sua concessão.*
>
> *Parágrafo único. O despacho referido neste artigo não gera direito adquirido, aplicando-se, quando cabível, o disposto no artigo 155.*

A preocupação do legislador em restringir o campo de incidência anistiante em face de determinadas espécies tributárias - ou direcionada a infrações menos gravosas, ou a determinado espaço territorial, ou até à preservação de pagamento de tributo correlato - tem o mesmo intuito temporalizador dinâmico já destacado acima. A dialética na preservação da *memória* ao lado da ação anistiante do *perdão* é ação dos pesos e contrapesos temporais realizadores de estabilidade social futura.

Destaca-se no parágrafo único forte recuperação presente da *memória* dos chamados direitos adquiridos, por nós entendidos como normas jurídicas cujos efeitos relacionais não podem mais ser juridicamente desfeitos.

Foi suficiente o "passeio" pelo CTN para distinguir a aplicação ponderada da anistia, claro que sempre imersa na dinamicidade complexa dos quatro ritmos de François Ost: *perdão, memória, promessa e requestionamento.*

4.5.3.3 A promessa (ligando o futuro)

François Ost anuncia que na *promessa* desviamos "[...] o olhar do passado, viramos os olhos para o futuro."[308].A base jurídica do ritmo que liga o futuro é a instituição normativa, é a sua validade. Ost destaca essa característica da *promessa* quando afirma que "[...] o direito, que liberta e institui, contribuirá para a realização desse programa conjugando a emancipação dos homens com o estabelecimento da lei."[309].

Toda instituição normativa que alberga veículo introdutor de qualquer nível pretende validade durável no tempo, um dever-ser que dure, que só é possível no seio de uma instituição ou, como afirma Ost[310], no concerto linguístico de uma instituição.

François Ost afirma que a temporalização jurídica da *promessa* oscila entre "[...] a vontade e a instituição, a ruptura do instantâneo e a continuidade da duração [...]"[311]. É formar no presente um futuro jurídico estável e seguro por meio da validade normativa que "[...] pretende durar enquanto não for substituída por outra."[312]. Uma norma jurídica, portanto válida, instituída sem prazo certo permanece no sistema enquanto não for retirada por outra também válida. É a *infinitude móvel* destacada por Ost que, inspirado na bíblia e em Aristóteles, afirma que essa duração, que é o tempo da validade, sob a ótica jurídica, seria "[...] divino pela sua infinitude, mas humano pela sua mobilidade."[313]. Por fim a duração da validade ilude o tempo natural, transformando o instantâneo do presente cronológico em denso presente lógico-jurídico institucionalizado que dura. Essa é a ideia da *promessa jurídica*.

308. OST, 1999, p. 201.

309. Ibidem, p. 203.

310. Ibidem, p. 213.

311. Ibidem, p. 204.

312. Ibidem, p. 205.

313. Ibidem, p. 204.

Sobre a questão do "presente denso" normativo, conseguido pela pertinência normativa (validade), Ost afirma que o "[...] tempo imóvel da norma pode então pretender conter ao mesmo tempo todo o passado (de que recapitula as normas anteriores) e todo o futuro (que tem por vocação reger em princípio indefinidamente) [...]"[314]. Assim, o presente eterno da validade condensa passado e futuro.

Ost destaca que pela "[...] *promessa*, o futuro é tornado menos imprevisível [...]"[315], pois lhe é dado um sentido normativo; no sentido jurídico, um compromisso da sociedade com ela mesma. Ela "[...] tem como principal objetivo reduzir a imprevisibilidade de amanhã."[316]. Seguindo o conceito da temporalização social do tempo, alerta François Ost[317] que o ritmo da *promessa,* se demasiado dinâmico ou se demasiado estático, vai de encontro à harmonia pretendida das relações tempo-direito-sociedade. Se demasiado dinâmico, o ritmo temporal jurídico da *promessa* caracterizado pela validade incentiva a insegurança jurídica em face de mudanças contínuas na regra do jogo. Se demasiado estático, a insistência na validade impede adaptação normativa em face de possíveis alterações no contexto social, causando instabilidades. Nesse ponto, a *promessa* "anda de mãos dadas" com o *requestionamento* que veremos mais adiante. Identificamos no ordenamento Constitucional alguns dispositivos normativos que trazem como temporalidade rítmica a *promessa jurídica.*

(i) Artigo 150, I da CF/88

O princípio da legalidade do art. 150, I da CF/88 prescreve:

> *Art. 150. Sem prejuízo de outras garantias asseguradas ao contribuinte, é* ***vedado*** à União, aos Estados, ao Distrito Federal e aos Municípios:

314. OST, 1999, p. 234-235.

315. Ibidem, p. 207.

316. Ibidem, p. 211.

317. Ibidem, p. 205.

> *I - exigir ou aumentar tributo **sem lei que o estabeleça; (g.n.).***

Necessita-se ligar o futuro legal com a instituição de norma jurídica (portanto, válida) para que o efeito de se cobrar tributo inédito ou majorado reste presente. A regra jurídica está posta com a *promessa*, resguardando a estabilidade social futura na previsibilidade do dever-ser válido de pagar tributo.

(ii) Artigo 150, II da CF/88

> *Art. 150. Sem prejuízo de outras garantias asseguradas ao contribuinte, é **vedado** à União, aos Estados, ao Distrito Federal e aos Municípios:*
>
> *II - **instituir tratamento desigual entre contribuintes que se encontrem em situação equivalente**, proibida qualquer distinção em razão de ocupação profissional ou função por eles exercida, independentemente da denominação jurídica dos rendimentos, títulos ou direitos; **(g. n.).***

O princípio da igualdade também apresenta sua *promessa jurídica* ao selecionar como se deve ligar o futuro entre contribuintes. A vedação presente, de se tratar desigualmente aqueles que se encontrem na mesma situação jurídica e igualmente aqueles que têm situação diversa, resta garantida na validez de norma que preserve tal valor em seu conjunto formal prescritor relacional.

4.5.3.4 O requestionamento (desligando o futuro)

Requestionar é questionar novamente. Nesse sentido, François Ost afirma que se requestionamos "[...] as nossas certezas, é porque as questionamos antes; se se trata de renegociar as nossas promessas, é porque elas foram anteriormente formuladas."[318].

---

318. OST, 1999, p. 409.

O futuro normativo ligado pela *promessa jurídica* utilizando-se da instituição normativa pode ter sua invalidade declarada em face de se requestionarem seus efeitos já anteriormente questionados quando do ato de fala instituidor da validade normativa originária (quando da *promessa).*

O desligar o futuro é bloquear a validade normativa em ação de repensar seus efeitos. Porém, também aqui, de forma similar ao estudo dos ritmos temporais anteriores, deve-se ficar atento a radicalismos. Ost afirma que "[...] radicalizada, a revisão de nada serve e revela-se autodestruidora [...] sem um mínimo de durabilidade, a norma jurídica mina a confiança que faz a sua legitimidade."[319]. O efeito de radicalização do desligar o futuro, no resgate presente da validade que se estende, é destemporalizador social, pois impossibilita o planejamento em face da insegurança jurídica na sua faceta previsibilidade futura. Afirma Ost nesta linha que "[...] toda a temporalidade que se absolutiza é virtualmente desinstituinte [...]"[320].

A necessidade temporalizadora do *requestionamento* vem, para Ost, como uma possibilidade de se repensar o mundo atual em que "A sucessão do dia e da noite (tempo cronológico) e a articulação vivida do passado, do presente e de futuro (tempo histórico) são como que absorvidas num 'dia sem fim', um 'presente eterno' que é o do 'instante dilatado' da comunicação interativa."[321].

Em termos jurídicos, a validade normativa representa o presente eterno das prescrições normativas, sendo que o *requestionamento jurídico* daria a possibilidade de reinício a nova possibilidade instituidora normativa e, consequentemente, a novos efeitos jurídicos. Com isso, damos a possibilidade de se repensarem tais efeitos, no mesmo sentido de Ost quando destaca que "[...] a ação será tanto mais eficaz quanto

---

319. OST, 1999, p. 429.

320. Ibidem, p.325.

321. Ibidem, p. 348.

contextualizada e revisível."[322] É reação à " cultura da impaciência"[323] do mundo atual. Mundo este não só de telecomunicação, mas também da "[...] teleação (trabalho e compra à distância, por exemplo) e, em breve telessensação [...]"[324].

Vejamos algumas prescrições normativas voltadas ao *requestionamento jurídico.*

(i) Declarações de inconstitucionalidade com efeitos *erga omnes,* sejam *ex tunc ou ex nunc,* desligam juridicamente o futuro, invalidando normas consideradas pelo judiciário competente como inconstitucionais. É o efeito de *requestionamento* também se fazendo presente nesse ato de fala invalidador, ao lado da *memória* (declarações *erga omnes* com efeito ex nunc) e do *perdão* (declarações *erga omnes* com efeito ex tunc), como vimos anteriormente.

(ii) O artigo 116, parágrafo único do **CTN** prescreve a possibilidade futura de se "desligar" do mundo jurídico situações jurídicas oriundas de "atos ou negócios jurídicos" com a finalidade de invalidá-los, tudo em face de irregularidades dissimuladoras verificadas *a posteriori.* Assim o dispositivo legal:

> *Art. 116. Salvo disposição de lei em contrário, considera-se ocorrido o fato gerador e existentes os seus efeitos:*
>
> *Parágrafo único. A autoridade administrativa* ***poderá desconsiderar atos ou negócios jurídicos*** *praticados com a finalidade de dissimular a ocorrência do fato gerador do tributo ou a natureza dos elementos constitutivos da obrigação tributária, observados os procedimentos a serem estabelecidos em lei ordinária.* ***(g.n.).***

---

322. OST, 1999, p. 355.

323. Ibidem, loc. cit.

324. Ibidem, p. 348.

O ato de fala do *requestionamento* encontra-se presente neste artigo pela invalidação normativa dos "atos ou negócios jurídicos".

(iii) As condições resolutórias do artigo 117, II do CTN representam ação de *requestionamento*. Segundo o dispositivo normativo:

> Art. 117. Para os efeitos do inciso II do artigo anterior e salvo disposição de lei em contrário, os atos ou negócios jurídicos condicionais reputam-se perfeitos e acabados:
>
> *II - **sendo resolutória a condição,** desde o momento da prática do ato ou da celebração do negócio.* ***(g.n.).***

Sobre a condição resolutória, Lourival Vilanova, que a denomina "resolutiva", afirma: "[...] os efeitos do ato se dão sem interposição do evento condicionante, desfazendo-se ao tempo da verificação do evento [...]"[325]. E completa destacando que a "[...] eficácia fica normativamente interrompida."[326].

A relação jurídica, fruto do efeito jurídico antecedente à resolutiva cláusula, é extinta pelo implemento desta. A satisfação à condição resolutória (ou resolutiva) *resolve* efeitos jurídicos presentes desde o advento do fato jurídico que lhes servia de fundamento, desfazendo-os. "Interrompe-se a continuidade causal."[327]. O artigo 117, II do CTN revela norma-condição que prevê o "desligamento" futuro resolvendo seus efeitos jurídicos.

(iv) O artigo 178 do **CTN** veicula a possibilidade de *requestionamento* de isenção concedida, retirando-lhe a vigência isencional, porém atendendo ao princípio da segurança jurídica, na possibilidade de cobrança do tributo somente no exercício seguinte à revogação ou

---

325. VILANOVA, 2015, p. 40.

326. Ibidem, loc. cit.

327. Ibidem, loc. cit.

modificação que implique cobrança total ou parcial de tributo antes (no período de vigência isentiva) não cobrado (**artigo 104, III** do **CTN**).

> *Art. 178 - A isenção, salvo se concedida por prazo certo e em função de determinadas condições,* ***pode ser revogada ou modificada por lei****, a qualquer tempo, observado o disposto no inciso III do art. 104.*
>
> *Art. 104.* ***Entram em vigor no primeiro dia do exercício seguinte*** *àquele em que* ***ocorra a sua publicação os dispositivos de lei****, referentes a impostos sobre o patrimônio ou a renda:*
>
> ***III - que extinguem ou reduzem isenções****, salvo se a lei dispuser de maneira mais favorável ao contribuinte, e observado o disposto no artigo 178.* ***(g.n.)****.*

Verifica-se que o "desligar" futuro nessa situação não teve como consequência a invalidade isencional, mas a retirada de sua vigência, o que faz com que sua *memória* fique preservada antes da revogação, sem descurar da segurança futura da *promessa* de cobrança de tributo somente no exercício seguinte, criando ineficácia técnica a tal possibilidade exacional.

Os dispositivos normativos citados bem demonstram que a articulação rítmica presente na *temporalização jurídica* é complexa, pois, invariavelmente, encontramos dois ou mais ritmos num mesmo dispositivo ou categoria normativa. A interligação rítmica de François Ost, aglutinando *memória, perdão, promessa e requestionamento* em um mesmo veículo legal, é necessária para evitar-se radicalização no processo normativo, na busca do tempo-social.

CAPÍTULO 5

REGRAS-MATRIZES DE INCIDÊNCIA TEMPORAL:

normas de estrutura aplicadas aos casos de decadência e de prescrição

5.1 Objetivo deste capítulo

Este capítulo destina-se a construir regras-matrizes de incidência temporal, como regras de competência aplicadas às situações que envolvem decadência e prescrição na nossa ordem tributária, onde criamos uma estrutura formal à semelhança e por inspiração da regra-matriz de incidência tributária construída por Paulo de Barros Carvalho (esta, norma de conduta), pretendendo trabalhar com mecanismo lógico de análise de diversas situações jurídico-temporais associadas a prazos prescricionais e decadenciais no direito tributário.

É preparação teórica para o próximo capítulo ao tratar temporalmente fluxo enunciativo partindo da constituição de crédito tributário à execução sob a ótica temporal da decadência e da prescrição e dos seus motivos temporalizadores da *memória*, do *perdão*, da *promessa* e do *requestionamento*.

5.2 O jogo temporal dos atos de fala (enunciação, enunciação-enunciada e enunciado-enunciado)

Já vimos que o ato de fala da enunciação é atividade procedimental criadora normativa apenas percebida pelo direito quando efetivamente enunciada como fato (fato da enunciação-enunciada) retratando as marcas subjetivas, procedimentais e espaço temporais da própria enunciação.

No tópico *Fontes do direito* destacamos que a enunciação, assim enunciada, é antecedente lógico de veículo introdutor normativo que prescreve a todos o dever de reconhecer a validade das normas na modalidade enunciado-enunciado por ele introduzidas.

Sobre as fontes, Lourival Vilanova lembra que:

> As normas de organização (e de competência) e as normas do 'processo legislativo', constitucionalmente postas, incidem em fatos e os fatos se tornam jurígenos. O que denominamos 'fontes do direito' são fatos jurídicos criadores de normas: fatos sobre os quais incidem hipóteses fácticas, dando em resultado normas de certa hierarquia.[328].

Nesse momento nos interessa destacar o aspecto temporal diferenciado de criação do fato da enunciação-enunciada em relação aos momentos insertos nos enunciados-enunciados, quando estes possuem antecedentes concretos; o aspecto temporal do fato jurídico criador dos enunciados-enunciados; a fonte temporal criadora das normas dos enunciados-enunciados.

Sabemos, pelo processo de positivação, também já discutido, que normas gerais e abstratas válidas e vigentes são capazes, em face do procedimento de aplicação/incidência, de gerarem normas concretas, gerais ou individuais.

328. VILANOVA, 2015, p. 29.

A coincidência linguística entre hipótese normativa geral (válida e vigente) e fato correlato qualifica-o como fato jurídico. Fato jurídico como articulação linguística concreta descreve (ou constrói) algo do passado e tem como efeito jurídico relações previstas de forma geral em norma, seu suporte de incidência.

Lourival Vilanova, nesse sentido, ensina que "As relações jurídicas pertencem ao domínio do concreto. Provêm de *fatos*, que são no tempo-espaço localizados. Sem a interposição do fato, que a norma incidente qualifica como fato jurídico, não ocorre o processo *eficacial* da efetivação da relação jurídica."[329] **(g.o.)**.

Esse é o sentido amplo dos efeitos dos fatos jurídicos, porém, o mestre pernambucano ainda destaca que "[...] estatuir normas é um dos efeitos dos fatos jurídicos."[330].

Destacamos aqui o diferencial relacional dos tempos insertos na criação da enunciação-enunciada e no enunciado--enunciado. São dois momentos diversos, a que Paulo de Barros Carvalho denomina como *tempo do fato* e *tempo no fato*.

Para Carvalho, o *tempo do fato* é "[...] a unidade temporal em que o fato se configurou [...]"[331], sendo este seu momento linguisticamente constitutivo. Em termos de fontes do direito, temos que o tempo da enunciação-enunciada como fato é o exato instante de sua constituição jurídico-linguística como marca histórica do ato procedimental de enunciação logicamente pretérita. Em termos normativos, podemos afirmar que é o tempo da instituição do veículo introdutor normativo (cuja enunciação-enunciada é seu antecedente formal) e o tempo dos enunciados-enunciados por ele introduzidos.

Por sua vez, é diverso o momento no fato constituído. Carvalho afirma que o *tempo no fato* "[...] é a ocasião a que alude

329. VILANOVA, 2015, p. 103.

330. Ibidem, p. 29.

331. CARVALHO, P. B., 2009, p.172.

o enunciado factual, dando conta da ocorrência concreta de um evento [...] é a marca de tempo a que se refere o enunciado fáctico."[332]. É o momento da suposta realização de evento pretérito posteriormente enunciado. Destacamos a suposição de ocorrência dos eventos porque consideramos fatos como articulação linguística, cuja veracidade ou falsidade sociais são possibilidades descritivas contingentes.

Em termos de fontes do direito, o tempo da enunciação-enunciada como fato seria o momento efetivo em que o ato procedimental da enunciação ocorre juridicamente, o momento de sua publicidade. Enunciação sem publicidade não pode ser considerada fato jurídico. Portanto, como fato, a enunciação só existirá para o direito quando for enunciada; antes era somente fato social sem marca temporal definida, se pensarmos na publicidade como derradeiro ato procedimental da enunciação.

Tal alerta não passou despercebido a Tárek Moysés Moussallem quando leciona "Não é demais lembrar que o tempo da enunciação somente é acessível via enunciação-enunciada. Em termos mais rigorosos, dever-se-ia falar em tempo da enunciação-enunciada e não em tempo da enunciação."[333].

Por sua vez, o tempo nos enunciados-enunciados serão os momentos em que os eventos pretéritos neles noticiados supostamente ocorreram. O tempo dos enunciados-enunciados será o momento de sua inserção no sistema jurídico e será o mesmo momento da enunciação-enunciada. A publicidade de norma, veículo introdutor, e normas introduzidas é uma só, suas validades são temporalmente simultâneas.

Aqui, é diferente o posicionamento de Moussalem, quando afirma "O tempo de enunciado-enunciado não se pode

---

332. CARVALHO, P. B., 2009, p. 172.

333. MOUSSALLEM, T. M. *Revogação em matéria tributária*. São Paulo: Noeses, 2005. p. 86.

e não se deve confundir com o tempo da enunciação-enunciada."[334]. Entendemos que a divergência é semântica e não conceitual, pois o que o professor considera como momento DO enunciado-enunciado é o tempo a que ele se refere (os eventos pretéritos nele historicamente reconstruídos), o passado relatado neste enunciado. Chamamos a este enlace não como momento DO, mas como momento NO enunciado-enunciado, pois este como fato jurídico fora construído conjuntamente ao seu veículo introdutor continente do fato enunciação-enunciada.

Nesse sentido, lembramos a correlação que faz Eurico Marcos Diniz de Santi entre enunciação-enunciada e o conceito de validade. Alerta o professor que validade deve ser entendida como "[...] a pertinência de um documento normativo ao direito positivo, em função dos critérios instituídos por sua fonte de produção, identificáveis na enunciação enunciada do próprio documento normativo.".

Lembramos que o conceito de *validade* envolve a produção normativa feita por agente competente, procedimento previsto em lei, em local determinado e com publicidade. Esse é o tempo da enunciação que, uma vez enunciada, pode ser aferida nas suas marcas linguísticas factuais.

Sobre a diferenciação entre *eventos* e *fatos*, Carvalho ensina que "[...] a ocorrência do evento tributado está para o nascimento de uma criança, assim como a norma individual e concreta, expedida pelo sujeito competente, está para o registro das declarações no cartório civil."[335].

Assim, ainda em termos de fontes do direito, temos que o tempo DA enunciação-enunciada é simultâneo ao DA introdução dos enunciados-enunciados por ela veiculados, porém é momento posterior ao tempo NOS enunciados-enunciados, cuja referência

---

334. MOUSSALLEM, T. M. *Revogação em matéria tributária*. São Paulo: Noeses, 2005. p. 86.

335. CARVALHO, P. B., 2009, p.156.

histórica factual é pretérita. Nos termos de Eurico Marcos Diniz de Santi, "A enunciação, que é o próprio ato de fala, produz o enunciado, ou seja, aquilo que se fala [...] o processo é enunciação: o produto: enunciado."[336]. Processo e produto não podem ser confundidos e logicamente não podem ser simultâneos.

Admitimos, assim, que sempre haverá interregno entre o instantâneo momento DA enunciação-enunciada introdutora normativa (marcas de enunciação) e o momento NOS enunciados-enunciados por ela introduzidos. Esse é o jogo temporal que queríamos destacar.

5.3 Construindo regras-matrizes temporais: normas de estrutura

5.3.1 Da sua natureza jurídica

Sobre a natureza jurídica das normas temporais, Paulo de Barros Carvalho destaca que:

> [...] entre a data do evento e a data do fato existe apenas o muitas vezes remoto caráter motivador das normas gerais e abstratas. O Estado, entidade tributante, nada pode exigir, e o sujeito passivo, mesmo querendo pagar o valor supostamente devido, terá que relatar linguisticamente o acontecido, submetendo-se a um controle por parte do fisco, que mais tarde se manifestará em termos expressos, ou implicitamente.[337].

Decadência e prescrição, como fatos jurídicos (fato-decadência e fato-prescrição), também são instituidores de normas, como nos alertara Lourival Vilanova. Com isso, as normas jurídicas que lhes dão suporte (normas-decadência e normas-prescrição) devem ser classificadas como normas estruturais.

336. SANTI, 2000, p. 62-63.

337. CARVALHO, P. B., 2009, p. 156.

Paulo de Barros Carvalho nos ensina sobre a multissignificação possível do termo *decadência,* considerando-o como norma, procedimento ou fato, falando, assim, em "[...] 'norma decadencial', 'procedimento' e em 'fato decadencial'."[338]. A mesma pluralidade semântica, como *norma, procedimento* e *fato*, podemos construir do termo *prescrição.*

Como norma Carvalho[339] ainda distribui significações possíveis à decadência e que entendemos também aplicável à prescrição: norma geral e abstrata, norma individual e concreta, assim como suas respectivas hipóteses e teses.

Como geral e abstrata, trata o professor, a decadência como norma estrutural de competência na seguinte formalização: "[...] 'dado o decurso de certo trato de tempo, sem que o titular do direito o exercite [...] deve ser a extinção do direito."[340]. E esclarece que esse efeito extintivo refere-se ao "[...] desaparecimento do direito da Fazenda, consistente em exercer sua competência administrativa para constituir o crédito tributário."[341]. Como fato-decadência extingue-se sua eficácia jurídica.

Podemos fazer a mesma construção normativa estrutural pensando em situação prescricional: *dado o decurso de certo trato de tempo, sem que o titular do direito o exercite, deve ser a extinção do direito do Estado (Fazenda) ingressar em juízo com ação processual de execução.* O mesmo raciocínio temos no caso de restituição de tributo pago indevidamente; neste caso, apenas invertendo os ocupantes dos polos ativo e passivo, pois o direito subjetivo será do contribuinte (ou responsável) e não do Estado que deverá posicionar-se como sujeito passivo.

Portanto, em termos formais, podemos falar em regra de estrutura temporal aplicável a situações de decadência e prescrição arroladas em matéria tributária.

---

338. CARVALHO, P. B., 2009, p. 583.

339. Ibidem, p.583-584.

340. Ibidem, p.583.

341. Ibidem, p.584.

Nesse sentido, temos que a regra de estrutura temporal é impeditiva do fluxo de positivação normativa, impedindo o trânsito de concretude de normas gerais e abstratas em função do desrespeito a prazos estipulados em lei. Não é outro o entendimento de Eurico Marcos Diniz de Santi quando afirma que "Decadência e prescrição são regras jurídicas extintivas de direitos as quais interrompem o fluxo da causalidade jurídica."[342].

Tal extinção dá-se pela inércia do titular do direito subjetivo relacionado a cada situação jurídica de decadência e de prescrição que limitam temporalmente a ação desse titular. Não é outro o sentido dado por Christine Mendonça quando afirma que "Essas formas extintivas de direito têm algo em comum: ambas nascem em razão da realização do fato jurídico de omissão no exercício de um direito. O direito subjetivo se extingue caso ele não seja exercido durante um certo lapso temporal."[343]. Estamos falando em inércia relativa ao exercício de vários direitos: de lançar, de promover ação de execução, de pleitear restituição, seja na seara administrativa ou na judicial ou de poder se creditar em momento de compensação.

5.3.2 Da regra temporal causando ineficácia técnica

Destacamos aqui que o efeito jurídico das normas-decadência e normas-prescrição é o de causar obstáculo à aplicação/incidência de normas gerais e abstratas no fluxo de positivação jurídica.

Paulo de Barros Carvalho ensina que há *ineficácia técnica* quando uma norma "[...] na hipótese de existir no ordenamento outra norma inibidora de sua incidência, não possa juridicizar o fato, inibindo a propagação de seus efeitos. Ou,

342. SANTI, 2000, p. 159.

343. MENDONÇA, C. Decadência e prescrição em matéria tributária. *In* SANTI, E. M. D. (Coord.). *Curso de Especialização em Direito Tributário*: estudos analíticos em homenagem a Paulo de Barros Carvalho. Rio de Janeiro: Forense, 2005. p. 656.

ainda, pensemos em normas que façam a previsão de ocorrências factuais possíveis, mas, tendo em vista dificuldades de ordem material, inexistam condições para que se configure em linguagem a incidência jurídica."[344].

A regra de estrutura temporal descumprida tanto cria obstáculo ao pleno exercício da vigência de norma válida subordinada ao seu aspecto temporal, como, quando o prazo para exercício do direito subjetivo competencial se esgota, ela retira da norma pretendente a ser incidida as condições materiais necessárias ao seu cumprimento. Portanto, por quaisquer dos motivos descritos por Carvalho, estamos que o atendimento ao prazo da regra de estrutura temporal é condição de eficácia técnica.

5.3.3 Da estrutura formal das regras-matrizes de estrutura temporais

Como normas de estrutura causadoras de eficácia ou de ineficácia técnicas ao fluxo concretizador de aplicação/incidência de normas gerais e abstratas delas dependentes, pensamos em duas formalizações possíveis, a depender da materialidade tributária escolhida.

5.3.3.1 Da regra de estrutura temporal extintiva (norma de incompetência): condição de ineficácia

A partir da análise estrutural e com base na formalização feita por Paulo de Barros Carvalho quando da criação da regra-matriz de incidência tributária, já vista no capítulo 2 deste trabalho, vamos identificar os critérios formadores da nossa regra-matriz estrutural temporal extintiva ou norma de incompetência temporal.

---

344. CARVALHO, P. B., 2015. p. 475.

• **Critério material =>** permanecer inerte. Já vimos que a materialidade tributária deve ser constituída por verbo de predicação incompleta e de seu complemento. A postura do agente é de omissão, o que também indica direcionamento de conduta. Lourival Vilanova convence quando afirma que, na perspectiva social natural, a omissão "[...] importa em inexistência de causa."[345]. Diverso posicionamento se vê em questões jurídicas "[...] onde tanto a ação quanto a omissão podem ser suportes fácticos de hipóteses normativas. A conduta omissiva bem pode tornar-se fato jurídico e dela decorrerem efeitos."[346]. Aqui a conduta omissiva com efeitos jurídicos extintivos de sua competência pode ser do Estado-Fazenda em não lançar, não interpor ação de execução, por exemplo, ou do contribuinte (ou responsável) em não buscar no prazo montante a título de repetição de indébito.

• **Critério espaço/temporal =>** não temos aqui a instantaneidade de um momento definido para a aplicação/incidência da regra de incompetência temporal, mas a extrapolação de um interregno, um prazo. Além dos limites deste, a ação omissiva do critério material está credenciada pelo sistema para produzir os efeitos próprios. Por possuir dois momentos: um tempo inicial de contagem *(dies a quo)* e um final *(dies ad quem)*, entendemos que o critério mais adequado não seria somente o temporal instantâneo, mas sim o espaço-temporal, representado por aquele *presente denso*, ao qual já nos referimos anteriormente, que resgataria em momento presente de aplicação "*agoras*" pretéritos, presentes e futuros. O espaço desse critério não é territorial, mas espaço de tempo em face de sistemas de referência tomados em momentos diversos *(dies a quo) e (dies ad quem)*.

---

345. VILANOVA, 2015, p.37.

346. Ibidem, loc. cit.

- **Critério espaço/territorial =>** confunde-se com a própria vigência territorial da regra de incompetência temporal. De caráter nacional, se pensarmos que decadência e prescrição devam ser sempre normatizadas por lei complementar de caráter nacional do artigo 146 da Constituição Federal. De amplitude territorial coincidente à vigência de normas dos entes federados se aceitarmos que veículos normativos regionalizados possam tratar do tema. Trataremos melhor dessa questão mais adiante.

- **Critério subjetivo =>** sobre os ocupantes dos polos ativo e passivo de norma de incompetência, Tácio Lacerda Gama destaca que:

> Cabe à chamada norma de competência indicar o sujeito da enunciação. É ele que deve desempenhar o ato ou conjunto de atos necessários à produção válida de normas no sistema jurídico. É também essa norma que vincula, por meio de uma relação jurídica, o sujeito competente e os demais sujeitos de direito.[347].

No caso de normas de incompetência em que o Estado-Fazenda perde a possibilidade de exercer seu direito subjetivo instituidor de normas concretas (direito de lançar, de interpor ação de execução, por exemplo), temos que ele ocuparia o polo ativo da relação de incompetência, sendo todos os demais sujeitos passivos com o dever de reconhecimento dessa incompetência.

No caso de normas de incompetência em que o contribuinte ou responsável tenha perdido a possibilidade do exercício da competência (pedido de restituição de tributo pago indevidamente na seara administrativa ou judicial, por exemplo), os teríamos como sujeitos ativos nas normas de incompetência temporal correlatas e todos os demais sujeitos de direito,

347. GAMA, 2009a, p.132.

inclusive o Estado-Fazenda respectivo, como sujeitos passivos, tendo o dever de reconhecimento dessa incompetência.

- **Critério competencial =>** o objeto da relação jurídica do exercício efetivo da norma de incompetência temporal (quando aplicada/incidida) será a **proibição** do sujeito ativo de exercer direito subjetivo perdido para criar norma jurídica. E o objeto dessa proibição será a norma individual e concreta não mais possível de ser instituída em face do fato incompetência. Entendemos adequado o termo "critério competencial", pois está relacionado à ação de exercer ou não a competência para criação de normas individuais e concretas.

5.3.3.2 Da regra de estrutura temporal instituidora (norma de competência): condição de eficácia

A partir da análise estrutural e com base na formalização feita por Paulo de Barros Carvalho quando da criação da regra-matriz de incidência tributária, já vista no capítulo 2 deste trabalho, vamos identificar os critérios formadores da nossa regra-matriz estrutural temporal instituidora ou norma de competência temporal.

- **Critério material =>** ter a possibilidade de aplicar/incidir norma abstrata e geral. Já vimos que a materialidade tributária deve ser constituída por verbo de predicação incompleta e de seu complemento. Pela referência da *eficácia jurídica*, temos que o titular do direito subjetivo de competência para a efetivação da construção de norma individual e concreta seria o mesmo titular da própria norma individual e concreta criada. É materialidade complexa em face da dependência lógica entre aplicação e incidência normativas. Aquela como criação; a última, como coincidência do fato criado em face da hipótese legal.

- **Critério espaço/temporal =>** não temos aqui a instantaneidade de um momento definido para a aplicação/incidência da regra de competência temporal, mas um interregno, um prazo. Nos limites deste, a ação do critério material está credenciada pelo sistema. Por possuir dois momentos: um tempo inicial de contagem (*dies a quo*) e um final (*dies ad quem*), entendemos que o critério mais adequado não seria somente o temporal, mas sim, espaço-temporal, representado por aquele *presente denso* a que já nos referimos anteriormente e que resgataria em momento presente de aplicação "*agoras*" pretéritos, presentes e futuros. O espaço desse critério não é territorial, mas espaço de tempo em face de sistemas de referência tomados em momentos diversos (*dies a quo*) e (*dies ad quem*).

- **Critério espaço/territorial =>** confunde-se com a própria vigência territorial da regra de competência temporal. De caráter nacional, se pensarmos que decadência e prescrição devam ser sempre normatizadas por lei complementar de caráter nacional do artigo 146 da Constituição Federal. De amplitude territorial coincidente à vigência de normas dos entes federados, se aceitarmos que veículos normativos regionalizados possam tratar do tema. Como já afirmamos, trataremos melhor dessa questão mais adiante.

- **Critério subjetivo =>** No caso de normas de competência para o Estado-Fazenda ter a possibilidade de exercer seu direito subjetivo instituidor de normas concretas (direito de lançar, de interpor ação de execução, por exemplo), temos que ele ocuparia o polo ativo da relação de competência sendo que todos os demais sujeitos passivos têm o dever de reconhecimento dessa competência.

No caso de normas de competência em que o contribuinte ou responsável tenha a possibilidade de seu exercício (pedido de restituição de tributo pago indevidamente na seara administrativa ou judicial, por exemplo), os teríamos como sujeitos ativos nas normas de competência temporal correlatas e todos os demais sujeitos de direito, inclusive o Estado-Fazenda respectivo, como sujeitos passivos, tendo o dever de reconhecimento dessa competência.

- **Critério competencial =>** o objeto da relação jurídica do exercício efetivo da norma de competência temporal (quando aplicada/incidida) será o dever de reconhecimento do direito subjetivo do sujeito ativo em poder criar norma jurídica. E o objeto desse dever de reconhecimento é a norma individual e concreta possível de ser instituída pelo exercício da competência.

Na verdade, as normas temporais de competência e de incompetência são complementares e delimitam o plano temporal de possibilidade de atuação competencial com dois referenciais modais distintos: a de incompetência, proibindo a instituição de normas por omissão dentro de prazo estipulado; a de competência, facultando a instituição de normas por ação no prazo estipulado. Dentro do prazo as competências para concretização de normas podem ocorrer; ao largo do prazo, o exercício das competências resta proibido.

Os termos "decadência" e "prescrição" no direito tributário são relativos ao tipo de relação jurídica possível de ser instituída ou que deva ser extinta: se de direito material (não envolvendo questões jurisdicionais administrativa ou judicial), temos questão atinente à decadência em quaisquer de suas modalidades (norma, procedimento ou fato); se de direito processual (envolvendo questões jurisdicionais), falamos em prescrição. Prazos tributários decadenciais envolvem somente o Estado-Administração e contribuintes ou responsáveis; prazos tributários prescricionais, a relação triádica Estado-Administração, Estado-Juiz e contribuintes ou responsáveis.

5.3.4 Dos veículos normativos próprios às regras temporais ligadas à decadência e à prescrição e dos seus papéis

Pelo ordenamento, quais seriam as espécies de veículos normativos próprios ao procedimento de regras estruturais temporais ligadas à decadência e à prescrição?

O questionamento nos leva à Constituição Federal, em seu artigo 146, I a III que direciona à lei complementar a competência, por meio de normas gerais, para prescrever situações normativas relativas às categorias da decadência e da prescrição. Vejamos o dispositivo constitucional:

> **Art. 146: Cabe à lei complementar:**
>
> I – dispor sobre conflitos de competência, em matéria tributária, entre a União, os Estados, o Distrito Federal e os Municípios;
>
> II – regular as limitações ao poder de tributar;
>
> III - estabelecer **normas gerais** em matéria de legislação tributária, especialmente sobre:
>
> a) definição de tributos e de suas espécies, bem como, em relação aos impostos discriminados nesta Constituição, a dos respectivos fatos geradores, bases de cálculo e contribuintes;
>
> b) obrigação, lançamento, crédito, **prescrição e decadência tributários; (g. n.).**

Renata Elaine Silva discute à exaustão sobre a possibilidade ou não de leis complementares específicas a determinados tributos poderem ou não dispor sobre decadência e prescrição de forma diversa à prevista no Código Tributário Nacional (CTN).

Todo seu raciocínio baseia-se na significação do termo *"normas gerais"* da alínea "b" do inciso III do artigo 146 da Constituição Federal de 1988. Se tais normas não forem de exclusiva veiculação pelo CTN, então, outras leis complementares poderiam, de forma específica aos tributos que estivessem relacionadas, dispor sobre as categorias tributárias da decadência e da prescrição, assim, como de obrigação tributária, lançamento e as demais arroladas no art. 146, III. Se forem de exclusiva veiculação pelo CTN, essa possibilidade legiferante exclusiva restaria afastada.

Sua conclusão pela exclusividade do CTN está cristalizada "[...] no objetivo das normas gerais, que é estabelecer harmonização do sistema tributário, com o fim de dar unidade e homogeneidade à tributação *praticada por todos os entes da federação* [...]. Se assim entendemos, não podemos partilhar da ideia de que uma lei nacional sobre determinado tributo possa retirar a homogeneidade da norma geral que trata de um único prazo de prescrição e de decadência para todos os entes da federação."[348].

Eurico Marcos Diniz de Santi não destaca como de exclusiva veiculação o CTN nas questões relacionadas à decadência e à prescrição, persistindo, no entanto, em que o veículo próprio seja de natureza de lei complementar nos termos do artigo 146 da Constituição Federal. Afirma o professor que:

> Determinar que 'cabe à lei complementar (...) estabelecer normas gerais em matéria de legislação tributária' sobre 'decadência e prescrição', significa outorgar à lei complementar a possibilidade de esboçar a hipótese e o consequente das regras da decadência e da prescrição.[349].

Partilhamos do mesmo entendimento da professora desde que estejamos limitados às referências temporais de decadência e de prescrição já previstas no próprio CTN. Para as situações ali prescritas, temos a sua legítima exclusividade. Os papéis de prevenção de conflitos e de limitador de poder de tributar atribuíveis às normas gerais, como veremos a seguir, justificam nosso posicionamento. Mas não vemos óbice a que aspectos temporais, cujas situações não estejam expressamente previstas no CTN restem impedidos de ser previstos por leis complementares específicas a determinadas espécies tributárias, como ocorre, por exemplo, com o parágrafo único do artigo 23 da Lei Complementar 87/96 que trata de ICMS:

> *Art. 23. O direito de crédito, para efeito de compensação com débito do imposto, reconhecido ao estabelecimento que tenha recebido as mercadorias ou para o qual tenham sido prestados os serviços,*

348. SILVA, R. E. *Curso de decadência e de prescrição no direito tributário*: regras do direito e segurança jurídica. São Paulo: Noeses, 2013. p. 47.

349. SANTI, 2000, p. 89.

> *está condicionado à idoneidade da documentação e, se for o caso, à escrituração nos prazos e condições estabelecidos na legislação.*
>
> *Parágrafo único. O direito de utilizar o crédito extingue-se depois de decorridos cinco anos contados da data de emissão do documento.*

É prazo considerado de natureza decadencial, pois trata de norma jurídica temporal tributária para construção de relação jurídica não processual, prevista em lei complementar de caráter nacional direcionado especificamente ao ICMS, sendo que não há essa específica previsão no CTN.

5.3.4.1 Sobre os papéis das normas gerais em matéria de legislação tributária

Antigos e polêmicos os posicionamentos sobre o papel das denominadas "normas gerais em matéria tributária". A herança da discussão remonta à Constituição Federal de 1967, alterada pela Emenda Constitucional 1, de 17 de outubro de 1969, que prescrevia:

> *Artigo 18, §1º - Lei complementar estabelecerá normas gerais de direito tributário, disporá sobre conflitos de competência nesta matéria entre a União, os Estados, o Distrito Federal e os Municípios, e regulará as limitações constitucionais ao poder de tributar.*

O CTN, que fora recepcionado como lei complementar ao tratar da estipulação de prazos de natureza decadencial e prescricional, além da definição de fatos geradores, sujeito passivo e base de cálculo, deu margem a infindáveis discussões sobre o alcance atribuído às *normas gerais* a serem estabelecidas por lei complementar.

Alcides Jorge Costa destaca a necessidade de se resolver a amplitude jurídica das *normas gerais,* concluindo preliminarmente que a conceituação do tema dependeria "[...] antes da posição política em que se coloca o intérprete do que do desenvolvimento de um raciocínio lógico"[350]. Acrescenta o professor que os partidários de um "[...] maior poder decisório para os Estados adotam um conceito mais restrito de norma geral; os que postulam maior centralização do poder decisório, perfilham conceito mais amplo"[351].

Paulo Ayres Barreto destaca que "Seria desatino lógico imaginar-se que o legislador constituinte, ao depois de fixar uma rígida discriminação de competências impositivas, delegaria ao legislador complementar a possibilidade de definir o verdadeiro conteúdo de tais competências."[352].

Aqui a discussão versa sobre o alcance da expressão "normas gerais" (inciso III do artigo 146 da Constituição Federal de 1988), tendo em vista que *decadência* e *prescrição* são categorias que devem ser estabelecidas por tais normas.

Clélio Chiesa disserta sobre as duas correntes doutrinárias interpretativas que se formaram em face do prescrito pelo artigo 146 da CF/88. Destaca o professor:

> Portanto, formaram-se duas correntes bem definidas: a dicotômica e a tricotômica. A primeira defende a tese de que o papel das normas gerais de direito tributário consiste em dispor sobre conflitos de competência entre as entidades tributantes e regular as limitações constitucionais a poder de tributar. Já a corrente tricotômica defende a idéia de que a lei complementar prevista no art. 146 da Constituição Federal tem a tríplice função de dispor sobre conflitos de competência entre as pessoas políticas em matéria tributária, regular as limitações constitucionais ao poder de tributar e estabelecer normas gerais em matéria de legislação tributária[353].

---

350. COSTA, A. J. ICM na Constituição e na Lei Complementar. São Paulo: Resenha Tributária, 1979, p. 56.

351. Ibidem, p. 57.

352. BARRETO, P. A. Imposto sobre a renda: pessoa jurídica. In: SANTI, E. M. D. (Coord.). Curso de especialização em direito tributário: estudos analíticos em homenagem a Paulo de Barros Carvalho. Rio de Janeiro: Forense, 2005. p. 770.

353. CHIESA, C. ICMS incidente na aquisição de bens ou mercadorias importados do exterior e contratação de serviços no exterior: inovações introduzidas pela EC 33/2001. In: ROCHA, V. O. (Coord.). *O ICMS e a EC 33*. São Paulo: Dialética, 2002. p. 150-151.

Chiesa afirma que a ausência de flexibilidade constitucional restringe a atividade do legislador complementar destacado no artigo 146 da Constituição Federal de 1988, limitando-o a "[...] veicular comandos de caráter meramente didático"[354]. Ele atribui às *normas gerais*

> [...] a missão de veicular preceitos destinados a harmonizar a atuação dos entes tributantes para evitar que ocorra a bitributação, uniformizar os procedimentos administrativos tributários a serem adotados pelas pessoas políticas, emitir comandos destinados a coibir abusos no exercício da competência tributária a eles outorgada pela Carta Magna, que nem sempre é bem interpretada[355].

Por sua vez, José Souto Maior Borges não entende como didática a função das *normas gerais em matéria tributária,* afirmando: "Pretende-se que as normas gerais de direito tributário não constituem simples 'recomendações' dirigida à União, Estados e Municípios, nem, para a sua eficácia, necessitam de recepção pela lei tributária material da União, Estados e Municípios"[356].

A linguagem prescritiva do artigo 146 da Constituição Federal de 1988 não comporta o entendimento de que o papel das *normas gerais em matéria tributária* seria de meras recomendações.

Partilhamos de interpretação dicotômica limitante do dispositivo constitucional relacionado às *normas gerais em matéria tributária,* no mesmo sentido de Paulo de Barros Carvalho[357], quando afirma que a lei complementar ali prevista, ao estabelecer *normas gerais em matéria de legislação tributária,*

---

354. CHIESA, C. ICMS incidente na aquisição de bens ou mercadorias importados do exterior e contratação de serviços no exterior: inovações introduzidas pela EC 33/2001. In: ROCHA, V. O. (Coord.). *O ICMS e a EC 33*. São Paulo: Dialética, 2002. p. 156.

355. Ibidem, loc. cit.

356. BORGES, J. S. M. *Lei Complementar tributária*. São Paulo: Revista dos Tribunais, 1975. p. 59-60.

357. CARVALHO, P. B., 2015, p. 407.

teria como escopo somente: **(i)** evitar conflitos de competência em matéria tributária entre os entes políticos tributantes e **(ii)** regular limitações ao seu poder de tributar, assegurando o ajuste e o funcionamento do ordenamento. Assim, normas gerais complementares temporais relacionadas a decadência e prescrição e também a obrigação, lançamento e crédito, conforme alínea "b" do inciso III do dispositivo constitucional, restam limitadas ao duplo objetivo destacado.

- **Evitando conflitos**

Paulo de Barros Carvalho destaca que lei complementar, como norma de estrutura de caráter nacional, deve prestigiar "[...] os primados da Federação e da autonomia municipal para, dentro desse contexto, encontrar-se a amplitude semântica que devemos outorgar às locuções empregadas pelo legislador constituinte"[358], afirmando que não se pode ficar restrito, em termos hermenêuticos, à literalidade textual.

Maria do Rosário Esteves, em interpretação monotômica sobre o artigo 146 da Constituição Federal de 1988, ensina que a função da lei completar ali veiculadas seria a de produzir *normas gerais,* sendo que estas teriam dupla tarefa. Nos seus termos:

> 15. Adotando uma interpretação sistemática e privilegiando não apenas os princípios positivados pelo nosso constituinte – o federativo, o da autonomia municipal e o da isonomia das pessoas constitucionais -, como também, a rígida repartição de competências tributárias, minuciosamente delineada no Texto Supremo, reconhecemos que o art. 146 da Carta de 88 confere à lei complementar uma única função: ser o instrumento introdutório de normas gerais de direito tributário, e estas, por seu turno, têm a finalidade de: a) dispor sobre conflitos de competência entre as entidades tributantes e b) regular as limitações constitucionais ao poder de tributar[359].

358. CARVALHO, P. B., 2015, p. 403.

359. ESTEVES, M. R. *Normas gerais de Direito Tributário*. São Paulo: Max Limonad, 1997. p. 123.

Clélio Chiesa em reforço observa que "[...] a lei não dirime conflitos de competência, mas a divergência sobre a natureza do fato sujeito à tributação"[360].

Roque Antonio Carrazza em sentido dicotômico afirma:

> Do quanto expusemos, evidencia-se que o Código Tributário Nacional (Lei nacional 5.172/1966) só trata de normas gerais em matéria de legislação tributária enquanto dispõe sobre conflitos de competência entre as entidades tributantes ou regula as limitações constitucionais ao exercício da competência tributária[361].

No mesmo sentido de Clélio Chiesa, Carraza também afirma que "'dispor sobre conflitos de competência' não significa dirimi-los"[362], devendo o Poder Judiciário exercer seu papel constitucional tutelar jurisdicional e nesse sentido ser acionado.

A função de evitar (e não resolver) eventuais conflitos de competência impositiva entre os entes políticos em razão de questões de decadência e de prescrição, se torna relevante na padronização temporal de sistemas tributários regionalizados que têm reflexos fora de suas lindes territoriais, como só ocorre com o ICMS que, apesar de ser de competência impositiva estadual, tem caráter nacional em face de questões interestaduais a ele relacionadas. Questões decadenciais relacionadas ao direito de crédito na não cumulatividade gerariam conflitos entre os entes se não houvesse normatização nacional padronizada.

- **Regular limitações ao de tributar**

O segundo escopo atribuído às *normas gerais*, conforme artigo 146, III: regular limitações ao poder de tributar dos entes políticos nos casos de estipulação temporal decadencial e prescricional é de maior relevância.

---

360. CHIESA, 2002, p. 157.

361. CARRAZZA, R. A. *Curso de Direito Constitucional Tributário*. 24. ed. São Paulo: Malheiros, 2008. p. 937.

362. Ibidem, p. 938.

Padronização referente a prazos para lançar, interpor ação de execução fiscal e até, de forma mediata, para restituição de tributos pagos indevidamente são limitadores do poder de tributar atribuíveis aos entes políticos. A padronização nacional temporal, via lei complementar, se faz necessária, nesses casos, para que sejam evitadas distorções regionalizadas instabilizadoras das relações entre Estado-fisco e sociedade.

Roque Antonio Carrazza destaca que "as *limitações ao poder de tributar* já existem na Constituição"[363] (grifos do original) e que a lei complementar serviria somente para facilitar a sua execução.

Concorda Maria do Rosário Esteves, quando afirma que:

> A lei complementar prevista no art. 146 da CF não cria limitações ao poder de tributar. Nem tampouco pode ampliar, restringir ou anular tais limitações. A ela só cabe regular legislativamente essas limitações, prescrevendo-as nos lindes já traçados pela Constituição, uma vez que as limitações constituem o próprio desenho das competências tributárias[364].

Frederico Araújo Seabra de Moura, por sua vez, atribui às *normas gerais* função harmonizadora. Ele destaca que "ao longo de toda a Constituição Federal se observam limites ao poder estatal, em função, na maioria das vezes, das garantias outorgadas aos particulares. Especialmente na matéria tributária, esse viés é nítido, o que não poderia ser diferente"[365].

Na sua vocação de instrumento de proteção à propriedade e à liberdade dos cidadãos, as normas tributárias representam limites à atividade exacional estatal.

Sobre a significação jurídica das *normas gerais* veiculadas por lei complementar (Carta Magna de 1967, em seu artigo 18, §1º), Tércio Sampaio Ferraz Júnior afirma:

---

363. CARRAZZA, R. A. *Curso de Direito Constitucional Tributário*. 24. ed. São Paulo: Malheiros, 2008. p. 940.

364. ESTEVES, 1997, p. 124.

365. MOURA, F. A. S. *Lei Complementar tributária*. São Paulo: Quartier Latin, 2009. p. 310-311.

> Saber se as "normas gerais" [...] devem ter por conteúdo regular limitações e conflitos de competência (teoria dicotômica) ou se, ao contrário, este conteúdo é mais específico, no sentido de codificação de princípios gerais (teoria tricotômica), é um problema, que, a nosso ver, pode esclarecer a noção de segurança e sua própria amplitude, tendo em vista a exigência de igualdade e certeza[366].

Assim, nesse contexto, *normas gerais* veiculadas por lei complementar atenderiam ao princípio da segurança jurídica, uma vez que: **(i)** a homogeneidade **material** dos conteúdos prescritos assegurariam a necessária certeza do pretendido (para nós, preservariam a faceta assecuratória da previsibilidade), assim como, nos dizeres de Tércio Sampaio Ferraz Júnior, **(ii)** a "uniforme e não conflitiva discriminação geral das competências"[367] restaria suficiente, **formalmente**, a prevenir decisões contraditórias e que implicassem em desigualdades.

Portanto, nessa visão estrutural nas *normas gerais em matéria tributária*, veiculadas por lei complementar, conforme ditame constitucional do inciso III do artigo 146 da Constituição Federal, aceitando seus limites funcionais e tendo em mãos o arcabouço conceitual já visto, inclusive na criação das regras-matrizes temporais, partamos para a investigação dos fluxos temporais ao longo da dinâmica exacional veiculada normativamente pelo CTN.

---

366. FERRAZ JÚNIOR, T. S. Segurança jurídica e normas gerais de Direito Tributário. *Revista de Direito Tributário*, São Paulo, n. 17-18, jul. 1981. p. 53.

367. Ibidem, p. 52.

CAPÍTULO 6

DO PROCEDIMENTO PREPARATÓRIO DE CONSTITUIÇÃO DO CRÉDITO TRIBUTÁRIO À EXECUÇÃO:

fluxos temporais decadenciais e prescricionais

6.1 Objetivo deste capítulo

O objetivo deste capítulo é analisar os fluxos de natureza decadencial e prescricional do procedimento de autolançamento e de lançamento de ofício até as situações relacionadas à execução fiscal.

Daremos significado técnico às expressões "fato gerador", "autolançamento ou lançamento por homologação", "lançamento de ofício", "exigibilidade" e "exequibilidade", em face da nossa premissa de direito como sistema normativo.

Destacaremos os momentos temporalizadores no trajeto iniciado pela constituição de crédito tributário até a execução fiscal.

Faremos, portanto, uma análise "temporal lógica", não necessariamente cronológica, sobre os atos de fala nos fluxos decadencial e prescricional.

6.2 Fato gerador: possibilidades significativas

O artigo 114 do CTN prescreve que:

> *Art. 114. Fato gerador da obrigação principal é a situação definida em lei como necessária e suficiente à sua ocorrência.*

Paulo de Barros Carvalho alerta para a ambiguidade significativa da expressão "fato gerador" e destaca que: "Se todas as dicções propostas merecem a coima de *ambiguidade*, interessa-nos ressaltá-la naquela que viceja no nosso meio jurídico: *fato gerador*."[368]. Assim como Carvalho, destacamos três possibilidades significativas de fato gerador como: **(i)** hipótese normativa; **(ii)** fato jurídico e **(iii)** evento do mundo social (fato social).

Geraldo Ataliba prefere "[...] designar o fato gerador *in abstracto* por "hipótese de incidência" e *in concretu* por "fato imponível [...]"[369]. Simplesmente "hipótese de incidência"[370] para Alfredo Augusto Becker, que a considera como "[...] ato, fato ou estado de fato [...]"[371], atribuindo-lhe licitude obrigatória no relacionamento com tributo e ilicitude com sanção.

Nossa linha de raciocínio segue na interpretação do dispositivo complementar:

(a) *"situação definida em lei":* refere-se às conotativas e abstratas possibilidades material e espaço-temporal descritas em **hipótese legal;** por isso essa significação hipotética do "fato gerador" é possível.

(b) *"como necessária e suficiente à sua ocorrência":* admite duas possibilidades: como **fato jurídico,** em face do nosso

368. CARVALHO, P. B., 2011, p. 312.

369. ATALIBA, G. *Hipótese de incidência tributária.* 5 ed. São Paulo: Malheiros, 1998. p. 51.

370. BECKER, A. A. *Teoria geral do direito tributário.* 3 ed. São Paulo: Lejus, 1998. p. 262.

371. Ibidem, loc. cit.

sistema de referência, temos que o direito só "enxerga" o mundo social por meio de sua linguagem factual própria (a prevista em hipóteses normativas). A construção factual jurídica é necessária e suficiente à ocorrência dos efeitos jurídicos próprios, ou seja, de sua eficácia jurídica. Por outro lado, para que a construção factual persista juridicamente, há a necessidade de suporte comprobatório em **evento** do mundo social; novamente a menção normativa de "necessária e suficiente".

Assim, fato gerador como hipótese legal, fato jurídico e evento são possibilidades interpretativas à luz do artigo 114 do CTN.

Só nos resta atribuir duas qualificações possíveis a "fato gerador", tendo em vista sua ligação deôntica à denominada "obrigação principal", nos termos do artigo 114 do CTN.

Destaca-se que, para Paulo de Barros Carvalho[372], a expressão "obrigação principal" reserva duas relações jurídicas distintas: **(i)** a tributária, associada a eventos sociais considerados lícitos (obrigação tributária) e **(ii)** a sancionatória, associada a descumprimentos normativos tributários (obrigação sancionatória). Portanto, temos "fatos geradores tributários" como antecedentes de "obrigações tributárias" e "fatos geradores infracionais" como antecedentes de "obrigações sancionatórias". A ambiguidade semântica presente na expressão "fato gerador" fica assim explicitada.

6.3 Fluxo decadencial: aspectos temporalizadores

6.3.1 Reunindo elementos de *memória*

Os documentos e livros fiscais são o suporte da *memória jurídica* das atividades normativas validamente construídas

372. CARVALHO, P. B., 2011, p. 364.

pelos contribuintes. Deles são construídos fatos jurídicos lícitos ou ilícitos passíveis de verificação pelo Estado-fiscal.

Como medida temporalizadora e estabilizadora de relações jurídicas, afastam-se diferenças rítmicas entre o tempo "prescricional" de busca de créditos tributários e do tempo de obrigatória guarda documental (suporte físico da *memória jurídica* relativa aos mesmos créditos tributários). Essa é a visão temporal construída do artigo 195 do CTN, que dispõe:

> *Art. 195. Para os efeitos da legislação tributária,* ***não têm aplicação quaisquer disposições legais excludentes ou limitativas do direito*** *de examinar mercadorias, livros, arquivos, documentos, papéis e efeitos comerciais ou fiscais, dos comerciantes industriais ou produtores, ou da obrigação destes de exibi-los.*
>
> *Parágrafo único. Os livros obrigatórios de escrituração comercial e fiscal e os comprovantes dos lançamentos neles efetuados serão conservados* ***até que ocorra a prescrição dos créditos tributários decorrentes das operações a que se refiram. (g. n.).***

Vemos no *caput* do dispositivo complementar a força normativa preservadora da pretendida *memória jurídica* sobre a historicidade factual tributária passada ali arrolada, quando se prescreve obrigatória ineficácia técnica a quaisquer normas jurídicas limitadoras do direito de exame de suporte documental pelo fisco.

Porém, como vimos, as características temporalizadoras não devem ser absolutas, mas sim, devem se harmonizar: *memória*, *perdão*, *promessa* e *requestionamento* se interpenetram na busca da estabilidade social. Refreia-se o radicalismo da obrigatoriedade de guarda de documentos, tanto em face de aspectos condicionais que lhe impõem limites (quebra de sigilo bancário, prazos limites para fiscalização, códigos de defesa do contribuinte) como por aspectos temporais, como vemos no seu parágrafo único.

Esse prescreve misto de *perdão* ("desligando" passado dos fatos documentados e das possíveis irregularidades havidas além do prazo "prescricional" aludido acima) e de *memória* ("ligando" o passado, tornando o presente denso na *consciência jurídica* todos os fatos documentados dentro de idêntico prazo de validade das questões creditícias tributárias). Esse é o *compasso* harmonizador de ritmos, destacado por François Ost[373], em relação à simultaneidade temporal da guarda documental em face da possibilidade de busca de créditos tributários respectivos. É a insistência da validade das normas construídas pelo particular em seus documentos, dentro da possibilidade de resgate do passado dos fatos ali constituídos.

6.3.1.1 A *embreagem* fiscalizatória

A construção em linguagem jurídica do procedimento fiscalizatório exercido pelo Estado, com todos os temperos rítmicos condicionantes construídos do contexto normativo válido e vigente de plantão, possui efeitos temporalizadores nas possibilidades de enunciação por parte dos particulares fiscalizados. Vemos alguns deles no artigo 138 do CTN, que dispõe:

> *Art. 138. A* ***responsabilidade é excluída pela denúncia espontânea da infração,*** *acompanhada, se for o caso, do pagamento do tributo devido e dos juros de mora, ou do depósito da importância arbitrada pela autoridade administrativa, quando o montante do tributo dependa de apuração.*
>
> *Parágrafo único.* ***Não se considera espontânea a denúncia apresentada após o início*** *de qualquer procedimento administrativo ou medida de fiscalização, relacionados com a infração.* ***(g. n.).***

Para nós, a contextualização, como fase última interpretativa, atraindo na construção normativa outros veículos normativos temporalizadores da mesma situação, funciona como a *embreagem* rítmica citada anteriormente por Ost.

A exclusão de responsabilidade pela "denúncia espontânea" é destaque da característica temporalizadora do *perdão,*

373. OST, 1999, p. 426.

pois "desligam-se" as irregularidades pretéritas em face do ato de fala performativo da "denúncia espontânea". No entanto, o "remédio" temporalizador encontramos no parágrafo único acima, onde cláusula resolutiva do início jurídico da ação fiscal *resolve* a possibilidade de "esquecimento" pretérito proporcionado pela "denúncia espontânea", preservando *memórias infracionais* historicamente marcadas. O resgate destas lembranças terá efeito no resultado da ação fiscal. Essa é a *embreagem* de Ost harmonizando os ritmos do *perdão* e da *memória* e refreando possíveis "patologias". Porém, nosso efeito interpretativo contextualizado insere mais ingredientes temporalizadores na sequência fiscalizatória, agora com características de *promessa* e de *requestionamento*.

A Lei Complementar Paulista 939/2003 (Código de Defesa do Contribuinte) prescreve:

> ***Artigo 5º*** *- São **garantias** do contribuinte:*
>
> *VII - o **restabelecimento da espontaneidade** para sanar irregularidades relacionadas com o cumprimento de obrigação pertinente ao imposto **caso a auditoria fiscal não esteja concluída no prazo de 90 (noventa) dias**, contados da data em que ocorrer a entrega à autoridade fiscal da totalidade das informações, livros, documentos, impressos, papéis, programas de computador ou arquivos eletrônicos solicitados; **(g. n.)**.*

A *promessa jurídica* está no "ligar" o futuro em face de norma de fiscalização, com validade normativa limitada a 90 (noventa) dias, para que possam ser incididas normas infracionais como efeitos jurídicos de fatos jurídicos correlatos construídos no procedimento fiscalizatório.

O *requestionamento* (o "desligar" o futuro fiscalizatório) vem com o advento temporal da extrapolação do prazo de 90 (noventa) dias contados da entrega total de documentos solicitados pelo fisco. Com isso, podemos acionar mais uma vez a *embreagem* rítmica ao pensar que a cláusula resolutória da ultrapassagem do prazo de 90 (noventa) dias resgatou também a *memória jurídica* da denúncia espontânea, que, por outro ângulo, nada mais é que o "esquecimento" do passado infracional do fiscalizado; seu *perdão* jurídico também vem com a satisfação de cláusula resolutiva do descumprimento do prazo de 90 (noventa) dias pelo fisco, resultando no *"desligar"* novamente o passado infracional do particular fiscalizado.

É um jogo sem fim, já destacado por Ferraz Junior que admite que "[...] deveria ser obviamente impossível determinar sua cessação de um ângulo interno."[374]: *memória, perdão, promessa e requestionamento* harmonizados, como "remédio" à "patologia" do "risco da discronia" de François Ost.[375]. A contextualização normativa apresenta, aqui o seu "remédio" temporalizador social.

6.3.2 Em direção ao crédito tributário

Nossa abordagem do fluxo creditício que ora investigamos é temporal. Para tanto, neste ponto, vamos, a título de premissa, firmar posicionamento sobre a dinâmica temporalizadora que envolve o lançamento por homologação (ou autolançamento), previsto no **artigo 150** do **CTN**, e o lançamento de ofício previsto inicialmente no **artigo 173, I** do **CTN.**

É necessário sabermos os requisitos de aplicação desses dispositivos que trazem atos enunciativos diferentes: o do artigo 150 prescreve a "homologação de lançamento"; o artigo 173, sua constituição. Qual a relação entre eles? Qual a sua dinâmica inter-relacional? Quais as características dos prazos ali prescritos?

Restringimo-nos ao que consideramos um "falso problema": a contumaz discussão sobre a aplicação das normas atinentes aos prazos de natureza decadencial dos **artigos 150, §4º** e **173, I,** ambos do **CTN,** em face das diferentes espécies tributárias postas à discussão, tanto na seara contenciosa judicial como na administrativa.

Afinal de contas, os prazos nos dispositivos normativos indicados referem-se à mesma situação hipotética ou a diversas

374. FERRAZ JUNIOR, 2014, p. 24.

375. OST, 1999, p. 37.

atividades enunciativas? São prazos de aplicação simultânea, portanto, obrigatoriamente passíveis de escolha imediata, ou seriam prazos de natureza enunciativa diversa e sequencial?

O equívoco está na premissa discursiva de pensar-se na simultaneidade da aplicação dos "tempos" prescritos pelos dispositivos complementares, como se eles se referissem ao mesmo ato de fala enunciativo. Os prazos ali insertos não devem ser pensados simultaneamente, mas sim, sucessivamente e, por exceção, em face de irregularidades nos tributos sujeitos ao chamado "lançamento por homologação". É questão verbal. Justificamos.

6.3.2.1 Do artigo 150, §4º do CTN (interpretação, requisitos de aplicação/incidência e regra-matriz de incidência temporal extintiva e seus critérios)

Transcrevendo os dispositivos normativos e destacando a ação enunciativa:

> ***Art. 150. O lançamento por homologação,*** *que ocorre quanto aos tributos cuja legislação atribua ao sujeito passivo o dever de* ***antecipar o pagamento*** *sem prévio exame da autoridade administrativa, opera-se pelo ato em que a referida autoridade,* ***tomando conhecimento da atividade assim exercida pelo obrigado,*** *expressamente a homologa.*
>
> ***§4º*** *- Se a lei não fixar* ***prazo*** *à homologação, será ele de* ***cinco anos, a contar da ocorrência do fato gerador;*** *expirado esse prazo* ***sem que a Fazenda Pública se tenha pronunciado,*** *considera-se homologado o lançamento e definitivamente* ***extinto o crédito,*** *salvo se* ***comprovada a ocorrência de dolo, fraude ou simulação.***
>
> ***(g. n.).***

Em sintética formalização normativa, temos:

ANTECEDENTE	CONSEQUENTE
Se a **Fazenda Pública não se pronunciar** (homologar ou não), expressamente, no prazo de **cinco anos** a contar do "fato gerador", atividade de formalização do crédito tributário a ser efetuada pelo particular.	Então, **DEVE–SER, o direito de se pronunciar** sobre tal atividade (homologando-a ou não) restará extinto.

A formalização normativa supra é estrutural com a função de retirar a competência do Estado-Fazenda de interromper fluxo de positivação de autolançamento efetivamente realizado por particular.

Entendemos autolançamento como norma constituidora de crédito tributário em que o particular efetua sozinho todo o procedimento de criação de obrigação tributária, colocando-se na desconfortável situação de sujeito passivo, com dever jurídico, em face de sujeito ativo estatal (ou delegado por ele), de pagar montante a título de tributo, conforme nos ensina Estevão Horvath, que destaca: "[...] na realidade, naquelas hipóteses em que a lei exige o 'autolançamento', a atividade da Administração praticamente inexiste."[376].

A norma construída do **artigo 150, §4º** do **CTN** é de incompetência dirigida ao Estado-fisco, estipulando um **prazo fatal**, a contar da data do **fato gerador (fato jurídico ou fato social, dependendo da situação)**, para que ele se pronuncie (**homologando ou não)** a atividade normativa obrigatória de autolançamento efetuada pelo particular.

Construindo no referencial formal da regra-matriz de incidência temporal extintiva, como norma de estrutura de incompetência do **artigo 150, §4º** do **CTN,** temos:

CRITÉRIOS	DESCRIÇÃO
MATERIAL	Permanecer inerte na sua "atividade de homologação" (inércia em seu "pronunciamento") sobre autolançamento efetuado pelo contribuinte.
ESPAÇO/ TEMPORAL	Além de cinco anos contados a partir da data do "fato gerador" (data do evento social tributário ou data do fato jurídico tributário construído).
ESPAÇO/ TERRITORIAL	Coincidente com o alcance territorial nacional, por ser o CTN norma de caráter nacional.

376. HORVATH, E. *Lançamento tributário e "autolançamento"*. São Paulo: Dialética, 1997. p. 163.

SUBJETIVO	Sujeito ativo => Estado ou ente personalizado delegado. Sujeito passivo => todos os administrados.
COMPETENCIAL	Proibição de aplicar/incidir norma desconstituindo norma jurídica tributária individual e concreta já auto constituída.

- **Do critério material**

O critério material construído: permanecer inerte na sua "atividade de homologação" (inércia em seu "pronunciamento") sobre autolançamento efetuado pelo particular comporta explicações.

A inércia (falta de ação[377]) a que nos referimos seria a omissão do Estado-fisco no seu dever de fiscalização dos particulares. É omissão nos atos de fala performativo-prescritivos em face de atividade normativa produzida pelo particular em seus livros e documentos fiscais.

Já destacamos que omissão de atos de fala (não enunciação) em termos jurídicos, diferentemente do que ocorre no mundo natural, é produtora de efeitos, contanto que haja norma jurídica a lhe emprestar fundamento. É o que ocorre com a materialidade da norma-matriz extintiva da possibilidade do fisco se pronunciar sobre atividade normativa efetivada pelo particular. A inércia, neste caso, produz consequências: a perda da possibilidade de produzir efeitos jurídicos fiscalizatórios; na verdade, a proibição de atribuir quaisquer efeitos jurídicos em face de tardia fiscalização.

Nesse sentido, Paulo de Barros Carvalho ensina:

> Então, o que de efetivo acontece, no caso dos chamados lançamentos por homologação, é que os agentes públicos visitam ou controlam eletronicamente os possíveis contribuintes, **fiscalizando-os.** Na eventualidade de encontrarem prestações não recolhidas ou

377. FERREIRA, A. B. H. *Novo dicionário da língua portuguesa.* 2.ed. Rio de Janeiro: Nova Fronteira, 1986. p. 940.

> irregularidades que impliquem falta de pagamento de tributos, **havendo tempo** (isto é, não tendo fuido o prazo de caducidade), constituem o crédito tributário e expedem o ato de aplicação de penalidade cabível em face do ilícito cometido[378]. **(g. n.).**

Tendo em vista que o direito como o entendemos é constituído pela homogeneidade de elementos normativos, temos que a atividade de autolançamento (ou lançamento por homologação) feita pelo particular é atividade normativa de auto constituição de crédito tributário.

A "homologação" ali referida não é ato administrativo de chancela efetivada pelo fisco atestando "eterna" regularidade da atividade normativa de autolançamento do contribuinte.

Estamos com Eurico Marcos Diniz de Santi quando afirma que "homologação" é "[...] operação lógica de comparação entre duas proposições, no caso duas proposições prescritivas [...]"[379]. A comparação é normativa: a norma jurídica feita pelo particular em contraposição à norma jurídica como construída pelo agente público na sua interpretação dos fatos e do ordenamento correlato.

Estamos ainda com Santi, quando, à época dos escritos aqui referidos, afirmara que "Não há de se falar de homologação de pagamento, pois basta estar o crédito regularmente declarado para que se dê a homologação."[380]. O que o agente do fisco faz é comparar as normas feitas pelo particular com as normas jurídicas que o fiscal, em nome do Estado-Direito, entende que deveriam ser construídas. Se a comparação for positiva, houve homologação; em caso contrário, não há homologação.

Derradeira questão no aspecto material: se a materialidade é "permanecer inerte", só ocorrerá a aplicação/incidência da norma-matriz se inércia houver. E para estar inerte deve

378. CARVALHO, P. B., 2015, p. 586.

379. SANTI, E. D. M. *Lançamento Tributário*. 2. ed. São Paulo: Max Limonad, 2001. p.218.

380. Ibidem, p. 218-219.

ter o dever de agir e condições de conhecimento da situação para agir. O que nos leva à questão do *dies a quo* da contagem do prazo decadencial para "homologar" a atividade do particular (prazo para fiscalizar, comparar normativamente).

- **Do critério espaço/temporal**

A materialidade deve ser vista em conjunto com suas marcas espaço-temporais. A singularidade do critério espaço/temporal, como já vimos, é que quando tratamos de prazos envolvendo dois instantes relevantes (*dies a quo* e *dies ad quem*), amarramos pela validade normativa atos de fala pretendidos (ações ou omissões) que rompem com o mero tempo cronológico, resgatando densamente no presente todo o espaço temporal ali definido, como se ele fosse instantâneo.

É critério demarcador do prazo de inércia do fisco em fiscalizar a atividade normativa do particular ao largo dos cinco anos contados a partir da data do "fato gerador" (data do evento tributário ou data do fato jurídico tributário construído).

Aqui temos alguns aspectos a serem discutidos.

Estamos tratando de norma de natureza decadencial fiscalizatória. Se inerte o fisco além do prazo normativo, efeitos fiscalizatórios porventura realizados serão inócuos ou nem deveriam ocorrer; se não inerte, não há óbice à atividade e aos efeitos fiscalizatórios normativos.

Não podemos nos esquecer que o ritmo temporal do *perdão* encontra-se no dispositivo normativo, à medida que quaisquer construções normativas do particular efetivadas além do prazo de cinco anos, a contar do "fato gerador" respectivo, terão sua validade "esquecida", "desligando-se" as normas jurídicas enunciadas pelo particular, possuindo elas conteúdo irregular ou não.

Verificamos que o *perdão* rítmico decadencial do artigo 150, §4º é temporalizador social à medida que faz seleção normativa com base em interregno quinquenal, resgatando o que deve permanecer na *memória jurídica* e o que deve ser considerado inválido e *perdoado juridicamente*.

Já nos posicionamos na premissa de que a expressão "**fato gerador**" do **artigo 114** do **CTN** comporta três possíveis significações interpretativas, dependendo do contexto normativo em que se encontra inserida: **fato gerador-fato social** (construção factual-probatória da realização efetiva de evento tributário ou infracional no mundo social), **fato gerador-fato jurídico** (construção factual-jurídica da realização passada do fato gerador-fato social) e **fato gerador-hipótese legal** (previsão em abstrato da possível realização futura de fatos geradores-fatos sociais relevantes).

A importância da determinação da significação contextual da expressão "fato gerador" (se evento, fato jurídico ou hipótese normativa) é essencial para o *dies a quo* do presente denso do prazo de natureza decadencial, já que a ultrapassagem do prazo de cinco anos significa perda do direito do ato de fala performativo-prescritivo da aplicação/incidência pelo Estado-fiscal de normas tributárias e infracionais.

A seleção do momento denso do "esquecimento" (o prazo de cinco anos) tem início com a possibilidade de inércia do Estado-fisco. Sem a possibilidade de agir, não há de se falar em inércia. Ela ocorre com a omissão quando se há condições de se realizar ato de fala e nada se faz. Assim, sem inércia não há materialidade suficiente a dar início à contagem do prazo do *perdão jurídico* das ações normativas pretéritas do particular na sua atividade de "autolançamento".

Portanto, se a busca da notícia da ocorrência efetiva do fato gerador-evento for dever do Estado-fisco, mesmo sem notícia de fato gerador-fato jurídico, então ele, o Estado-fisco, restará inerte, e o prazo de natureza decadencial para o "esquecimento" da validade normativa particular do "autolançamento" começará a fluir a partir do fato-gerador evento.

Se a busca da notícia da ocorrência do fato gerador-evento não for dever do Estado-fisco, mas dever do particular e este não o fizer, não há como falarmos em inércia daquele que não tinha como agir. Nesse caso, a contagem do prazo do "esquecimento" da atividade normativa particular começa a fluir do fato-gerador, fato jurídico, e não do fato-gerador, evento social.

Não queremos afirmar que se possa alterar data de "fatos geradores eventos" previstos em lei, mas devemos nos atentar na contagem dos prazos, tanto de natureza decadencial como prescricional, para o momento inicial em que aquele que deva exercitar seu ato de fala já possua a possibilidade de agir (Estado ou particular). O *dies a quo* desses prazos é simultâneo ao do início da inércia do agente. Quem não tem possibilidade de agir, inerte não está. Sem inércia, ausente materialidade da regra-matriz estrutural de incompetência temporal extintiva.

- **Do critério espaço/territorial**

O critério espaço/territorial construído é coincidente com o espaço territorial nacional em face do alcance também nacional das normas atinentes à decadência, conforme discussão sobre as *normas gerais em matéria tributária* já feita.

- **Do critérios subjetivo e competencial**

Temos que pela materialidade tributária da inércia estatal fiscalizadora, associada às marcas históricas espacial e temporal, o Estado fica proibido de aplicar/incidir normas tributárias e sancionatórias como resultado de efeitos fiscalizatórios.

Fica proibido de dar curso ao processo de positivação, tanto de possível regra-matriz de incidência tributária como de regras sancionatórias. O sujeito ativo que está proibido é o Estado, e os sujeitos passivos serão todos os juridicizados interessados que devem reconhecer tal proibição.

A regra-matriz de incidência temporal extintiva decadencial atua no processo de positivação tributária, atribuindo ineficácia técnica à aplicação/incidência da regra-matriz de incidência tributária.

No entanto, caso o Estado tenha positivado a norma tributária a destempo, a regra-matriz temporal extintiva decadencial, além de invalidar as normas individuais concretas criadas, retira o direito de nova instituição. É duplo o efeito extintivo: **(i)** invalida normas individuais e concretas (efeito extintivo do artigo 156, V do CTN) e **(ii)** retira o direito de nova validação.

- **Destacando requisitos de aplicação do artigo 150, §4º do CTN e resumindo a questão**

Com suporte nesses conceitos, voltamos ao termo "homologar" do critério material, para destacar que ele representa o ato (ou procedimento) de concordar com a atividade de "autolançamento" do particular, de **concluir positivamente** sobre a **coincidência verbal** da ação no espaço/tempo (prazo) formalizada pelo particular em seus livros e documentos fiscais, em face da construção hipotética legal feita pelo agente do fisco. É a tão esperada subsunção do "fato à norma" (ou fato à hipótese, para ser mais preciso), como ensinada na academia. É a coincidência do **fato gerador-fato jurídico** em face do **fato gerador-hipótese legal.**

Destaque-se que além da coincidência verbal suficiente a tal subsunção, há a necessidade das marcas espaço-temporais factuais estarem previstas no rol espaço/temporal hipotético possível. Se houver a continência espaço/temporal hipótese legal/fato do particular), teremos a homologação.

Reforçando: a ação própria na atividade de homologação ou de não homologação da atividade normativa do particular é a própria atividade de fiscalização. Ou seja, o sistema atribui o prazo de cinco anos a contar do "fato gerador" para que o agente do Estado concorde ou não, em face de atividade fiscalizatória, com a "atividade" do contribuinte de autolançamento. Se a conclusão comparativa fiscalizatória efetivada for positiva, temos que o Estado nada deve enunciar, afastando-se para uma próxima fiscalização.

Porém, se a fiscalização não visualizar a tal coincidência do fato gerador-hipótese ao fato gerador-fato jurídico, assim construído pelo particular, verificando suposta ocorrência de omissões ou de irregularidades no seu autolançamento, não ocorrerá a homologação, obrigando o fisco a realizar ato administrativo enunciativo formalizador de norma sancionatória e de norma constitutiva de exigência tributária (lançamento tributário).

Também vale o destaque que o termo "homologar" não deve ser entendido como chancela do fisco que certifique situação de regularidade eterna do contribuinte para as situações fiscalizadas. Não há tal chancela. Não há um ato sequer do Estado-fiscal, por meio de seus agentes, que não possa (na verdade, não deva) ser revisto, se ainda houver possibilidade jurídica temporal para tanto. O interesse supremo é da sociedade que deve ter resguardado o seu crédito tributário em face de "fatos geradores" efetivamente ocorridos (cujo montante é apenas gerenciado pelos Estados).

Assim, entendemos que não existe a tal "homologação expressa" com a significação de "ato administrativo certificador de imutável reconhecimento de regularidade".

Portanto, para a aplicação/incidência da norma veiculada pelo **artigo 150, §4º** do **CTN,** devem restar presentes quatro requisitos de sua aplicabilidade, quais sejam:

a) Que estejamos tratando de espécie tributária que propicie o denominado "lançamento por homologação" ou **autolançamento** (atividade enunciativa de formalização pelo particular da construção da norma tributária constituinte do crédito tributário);

b) Que a **data do "fato gerador" (seja como fato jurídico ou como fato social)** reste **identificada** (para que seja possível a contagem do prazo de cinco anos previsto no seu §4º);

c) Que haja, efetivamente, atividade "a ser homologada" **(formalização prescritora de um dever jurídico**

atribuído, exclusivamente, ao contribuinte), efetuada pelo próprio contribuinte e passível de fiscalização e de possível homologação;

d) Que devam **restar ausentes situações comprovadamente dolosas, fraudulentas ou dissimulatórias,** pois, não há de se falar em prazo para fiscalizar (veja-se, não falamos em prazo para "constituir crédito") em situações viciadas em que o contribuinte age ilicitamente procurando ocultar a realização de fatos geradores.

Presentes os requisitos destacados acima e se a Fazenda **permanecer inerte** durante o intervalo previsto no ordenamento, não efetuando sua atividade de fiscalização, temos que o crédito tributário autoconstruído pelo particular **restará extinto, conforme previsão do artigo 156, V do CTN.**

Assim, o efeito extintivo previsto no **artigo 150, §4º do CTN** resolve, por meio da temporalização numérica de cinco anos, uma situação de **instabilidade jurídica,** versando sobre relação tributária formalizada, exclusivamente, pelo particular.

O contribuinte criou relação jurídica, colocando-se na desconfortável situação de sujeito passivo com dever jurídico a determinada prestação em relação a um sujeito ativo, seu credor. Situação esta que passou ao largo dos "olhos" do fisco por mais tempo que o previsto como razoável pelo legislador do CTN, resolvendo-se de forma fulminante e definitiva pela ação extintiva do tempo jurídico de cinco anos a contar do "fato gerador".

6.3.2.2 Em busca da constituição de ofício do crédito tributário pelo lançamento (artigos 142, 144, 149 e 173 do CTN, regra-matriz de incidência temporal instituidora e seus critérios)

- **Breve discussão sobre lançamento tributário**

Iniciemos destacando breve discussão sobre a modalidade de ofício do lançamento tributário para darmos continuidade ao fluxo temporal de constituição do crédito tributário.

O artigo 142 do CTN prescreve:

> *Art. 142. **Compete privativamente** à autoridade administrativa **constituir** o crédito tributário pelo lançamento, assim entendido o **procedimento administrativo tendente a verificar a ocorrência do fato gerador** da obrigação correspondente, **determinar a matéria tributável, calcular o montante do tributo devido, identificar o sujeito passivo** e, sendo caso, **propor a aplicação da penalidade cabível.***
>
> *Parágrafo único. A atividade administrativa de lançamento é vinculada e obrigatória, sob pena de responsabilidade funcional. **(g. n.).***

Paulo de Barros Carvalho define *lançamento tributário* como:

> [...] ato jurídico administrativo, da categoria dos simples, constitutivos e vinculados, mediante o qual se insere na ordem jurídica brasileira, uma norma individual e concreta, que tem como antecedente o fato jurídico tributário e, como consequente, a formalização do vínculo obrigacional, pela individualização dos sujeitos ativo e passivo, a determinação do objeto da prestação, formado pela base de cálculo e correspondente alíquota, bem como pelo estabelecimento dos termos espaço-temporais em que o crédito há se ser exigido.

Alberto Xavier o define como "[...] o título jurídico abstrato da obrigação tributária."[381]. Entendendo como *título jurídico* "[...] o ato (ou documento) necessário e suficiente para inovar uma dada situação jurídica.".

Tendo em mente as possibilidades significativas ao termo "lançamento", verifiquemos que moldura interpretativa podemos construir do artigo 142 do CTN, analisando-o em detalhes:

381. XAVIER, A. *Do lançamento*: teoria geral do ato, do procedimento e do processo tributário. 2. ed. Rio de Janeiro: Forense, 1996. p. 563.

a) "Compete privativamente à autoridade administrativa constituir o crédito tributário pelo lançamento [...]": a competência para efetuar constituição de crédito tributário por meio do lançamento é de autoridade administrativa, é do agente público competente;. particular não efetua lançamento, por isso adotamos o termo "autolançamento" para similar atividade por este realizada;

b) "[...] assim entendido o procedimento administrativo tendente a verificar a ocorrência do fato gerador da obrigação correspondente, [...]": a significação de "lançamento" como procedimento ocorre na atividade de verificação da ocorrência de "fatos geradores", entendidos como comparação a ser feita pelo agente administrativo dos "fatos sociais-eventos" do particular e hipóteses legais tributárias possíveis. Por corresponder à sequência de atos fiscalizatórios necessários à verificação dos eventos realizados pelo particular, se são passíveis de tributação ou não, podemos entender como uma das significações possíveis ao termo "lançamento" a de procedimento. São atos procedimentais de verificação da ocorrência de fato gerador: comunicação de início de fiscalização, notificações para apresentação de documentos, para esclarecimentos de dúvida e outros de mesma natureza fiscalizatória. Temos como último ato procedimental a aplicação/incidência de norma tributária, sendo seu produto também denominado "lançamento".

c) "[...] determinar a matéria tributável [...]": é construir fato jurídico tributário ("fato gerador" como fato jurídico), como produto da aplicação/incidência de hipótese legal; determinação concreta da materialidade tributária e de suas coordenadas espaço-temporal.

d) "[...] calcular o montante do tributo devido [...]": construção do aspecto quantitativo da obrigação tributária como relação jurídica com elementos individualizados (base de cálculo e alíquota, por exemplo);

e) **"[...] e sendo caso, propor a aplicação da penalidade cabível"**: na verificação de irregularidades cometidas pelo particular, seja em termos de construção de obrigações tributárias não autolançadas ou lançadas com irregularidades, seja em termos de não cumprimento deveres instrumentais, nos termos de Paulo de Barros Carvalho[382], aqui "lançamento" recebe mais duas significações; **(i)** procedimento administrativo de verificação de fatos infracionais e **(ii)** de norma jurídica individual e concreta sancionatória.

Em resumo, o "lançamento" do artigo 142, a nosso ver, possui quatro significações possíveis: **(i)** procedimento de verificação da ocorrência de fatos sociais tributários; **(ii)** construção do produto norma individual e concreta cujo consequente é obrigação tributária; **(iii)** procedimento de verificação da ocorrência de fatos sociais infracionais; **(iv)** construção do produto norma individual e concreta cujo consequente é obrigação sancionatória.

Em termos *temporalizadores,* temos presente o ritmo da *promessa jurídica,* em que a validade normativa materializada no verbo "constituir" "liga" futuro possível de tributação e de imputação de sanções, axiologicamente assegurando prevenção futura (em nome da segurança jurídica), porém com *embreagem* rítmica presente, tanto em função da rigidez para a aplicação normativa, inclusive selecionando agentes específicos à enunciação, como prescrevendo em seu parágrafo único que o lançamento como procedimento não comportará análise de mérito (conveniência e oportunidade) e será obrigatório sob pena de responsabilidade funcional. São freios à tentativa de "constituição" de crédito radicalizada, caracterizando a presença do ritmo *temporalizador* social do *requestionamento,*

382. CARVALHO, P. B., 2011, p. 362.

pois o descumprimento aos requisitos do artigo 142, tanto na parte procedimental como de produto, tem o condão de invalidar o "lançamento" constituído.

- **Análise temporal do artigo 149 do CTN**

Na constatação de irregularidades ou omissões praticadas pelo contribuinte em sua atividade enunciativa de "autolançamento", ou quando a espécie tributária não comportar constituição de crédito efetuada exclusivamente por particular, deve o fisco, em face do previsto no **artigo 149, I, V e VI do CTN, efetuar de ofício** o lançamento tributário que entender juridicamente correto, de acordo com o ordenamento vigente, seja de forma integral ou complementar ao realizado pelo particular. Se incorrer nas possibilidades normativas nas **alíneas I, VIII, IX do artigo 149** do mesmo veículo normativo, o lançamento já efetuado deve ser **revisto.**

Façamos dupla investigação temporal: **(a)** nos atos de fala performativo-prescritivos para **efetuar** lançamento de ofício e **(b)** para **rever** de ofício lançamento efetuado.

(a) nos atos de fala performativo-prescritivos para **efetuar** lançamento de ofício. Artigo 149, I, V e VI do CTN:

> *Art. 149. O lançamento é **efetuado** e **revisto de ofício** pela autoridade administrativa nos seguintes casos:*
>
> *I - quando **a lei** assim o determine;*
>
> *V - quando se comprove **omissão ou inexatidão**, por parte da pessoa legalmente obrigada, no exercício da atividade a que se refere o artigo seguinte;*
>
> *VI - quando se comprove **ação ou omissão do sujeito passivo**, ou de terceiro legalmente obrigado, que dê lugar à **aplicação de penalidade pecuniária; (g. n.).***

1º caso: Norma construída do artigo 149, I do CTN formalizada:

ANTECEDENTE	CONSEQUENTE
Se **a lei determinar**,	**ENTÃO, DEVE-SER, a autoridade administrativa DEVE** efetuar o lançamento na modalidade "de ofício".

É uma norma de estrutura que resulta em eficácia técnica a processo de positivação de regra-matriz de incidência tributária. Evidente que, efetivamente, deve ser aplicada se houver condições temporais para tanto, se o prazo para a constituição de ofício do lançamento não tiver sido ultrapassado.

Vemos aqui variável rítmica da *promessa jurídica* ("ligando" futuro normativo), validando a norma jurídica supra; porém, sabemos que tal *promessa* não é absoluta em face do *resgate memorial pretérito* que deve ser feito no momento de sua incidência/aplicação, selecionando somente eventos relevantes dentro do prazo de natureza decadencial estipulado pelo ordenamento para a constituição do crédito a ser realizado e *perdoando juridicamente* os que foram realizados a destempo.

2º caso Norma construída do **artigo 149, V do CTN** formalizada:

ANTECEDENTE	CONSEQUENTE
Se **comprovada** a omissão ou a inexatidão, por parte da pessoa legalmente obrigada, no exercício da atividade de autolançamento,	**ENTÃO, DEVE-SER,** a **autoridade administrativa DEVE** efetuar o lançamento na modalidade "de ofício".

Ato de fala omissivo, se jurídico, apresenta efeitos previstos em norma jurídica. Aqui se "liga" passado de atos de fala em variável rítmica da *memória jurídica*, tornando denso o presente em face da validade pretérita e envolvendo resgate de omissões ou de irregularidades enunciadas em atividade de autolançamento.

Novamente a **embreagem** rítmica do **perdão jurídico** para os atos de fala (omissivos ou irregulares) que ultrapassem o espaço/tempo da norma que valida a constituição de crédito tributário efetivada por lançamento de ofício.

3º caso: Norma construída do **artigo 149, VI** do **CTN** formalizada:

ANTECEDENTE	CONSEQUENTE
Se **comprovada** ação ou omissão **do sujeito passivo,** ou de terceiro legalmente obrigado, que dê lugar à **aplicação de penalidade pecuniária,**	**ENTÃO, DEVE-SER;** a **autoridade administrativa DEVE** efetuar o lançamento na modalidade "de ofício".

Aqui se "liga" o passado de atos de fala em variável rítmica da *memória jurídica,* tornando denso o presente em face da validade pretérita e envolvendo o resgate de omissões ou de ações infracionais que deem lugar à aplicação de penalidade pecuniária.

A **embreagem** rítmica do **perdão jurídico** para os atos de fala (omissivos ou comissivos infracionais) que ultrapassem o espaço/tempo da norma que valida a constituição de obrigação sancionatória efetivada por lançamento de ofício.

(b) nos atos de fala performativo-prescritivos para **rever** de ofício lançamento efetuado. Artigo 149, incisos I, VIII e IX e parágrafo único do CTN.

> ***Art. 149.*** *O lançamento é **efetuado** e **revisto de ofício** pela autoridade administrativa nos seguintes casos:*
>
> *I - quando **a lei** assim o determine;*
>
> *VIII - quando deva ser apreciado **fato não conhecido ou não provado** por ocasião do lançamento anterior;*
>
> *IX - quando se comprove que, no lançamento anterior, ocorreu **fraude ou falta funcional da autoridade** que o efetuou, ou **omissão,** pela mesma autoridade, de ato ou formalidade especial.*
>
> *Parágrafo único. A **revisão** do lançamento **só pode ser iniciada** enquanto não extinto o direito da Fazenda Pública. **(g. n.).***

Norma construída do artigo 149, I, VIII e IX c/c parágrafo único do CTN formalizada:

ANTECEDENTE	CONSEQUENTE
(I) Se **a lei determinar; (VIII)** ou quando deva ser apreciado **fato não conhecido ou não provado** por ocasião do lançamento anterior; **(IX)** ou quando se comprove que, no lançamento anterior, ocorreu **fraude ou falta funcional da autoridade** que o efetuou, ou **omissão**, pela mesma autoridade, de ato ou formalidade especial e se o **prazo para constituição de crédito tributário** não for ultrapassado;	**ENTÃO, DEVE-SER, a autoridade administrativa DEVE rever** o lançamento na modalidade "de ofício".

É uma norma de estrutura que resulta em invalidação de "lançamento" já efetivado, possibilitando novo processo de positivação de regra-matriz de incidência tributária, em nova apreciação factual e legal. Evidente que, efetivamente, deve ser aplicada se houver condições temporais para tanto. O parágrafo único restringe temporalmente o prazo dessa revisão às marcas espaço/temporais decadenciais para constituição de crédito por lançamento.

O ato de revisão de lançamento apresenta característica temporalizadora social do *requestionamento*. "Desliga-se" do futuro prometido pela norma de constituição do lançamento de ofício, invalidando-a para que nova validade normativa advenha ao sistema em face de novo lançamento fruto da revisão. O radicalismo nesse *requestionamento jurídico* sofre ação do remédio da *embreagem* harmonizadora rítmica da *memória* seletiva que "liga" presentemente o passado espaço/temporal para constituição de crédito por meio de lançamento. *Perdoam-se* irregularidades pretéritas além do prazo de constituição de novo lançamento e "ligam-se" novo futuro na *promessa jurídica* validadora desse novel lançamento. Esses são os quatro ritmos em dinâmica atuação no compasso temporal da revisão de lançamento.

- **Análise temporal do artigo 173, I do CTN**

Inicialmente destacamos a visão da aplicação contextualiza dos artigos 150, §4º; 149, V e VI; 142 e 173 I do CTN. Como eles se relacionam em dinâmica normativa.

A constatação das irregularidades previstas nos incisos V e VI do artigo 149 no "autolançamento" efetuado pelo particular pode ocorrer a partir **do dia seguinte ao do "fato gerador" social correlato (evento)**, devendo, então, o fisco efetuar **de ofício o lançamento tributário, nos termos do artigo 142 do CTN**, na primeira oportunidade jurídico-operacional possível.

Se a Fazenda Pública **permanecer inerte por mais de cinco anos**, a contar da data do **fato gerador**, como supra destacado nos termos do **artigo 150, §4º do CTN**, nada mais poderá ser feito; o crédito constituído pelo particular, mesmo irregular, restará convalidado pela impossibilidade de se efetivar nova fiscalização. E sem fiscalização, não há procedimento de verificação da ocorrência de "fato gerador" (aspecto procedimental do lançamento do **artigo 142 do CTN**). Sua convalidação representa o efeito extintivo previsto no **artigo 156, V do CTN.**

Assim o crédito auto lançado pelo particular **restará extinto** pela chamada **"homologação tácita".** Na verdade houve perda de prazo do fisco de se manifestar sobre a regularidade ou não do particular em sua atividade de autolançamento. O Estado-fisco permaneceu inerte mais tempo do que deveria para agir; foi omisso.

Não há instrumentalização normativa suficiente a *ressuscitar* relação jurídica tributária considerada extinta pelas **regras do jogo jurídico da decadência.** Esse é o efeito extintivo mediato do **artigo 150, §4º do CTN, quando da tal tácita homologação.**

Assim, apesar do **artigo 150, §4º, do CTN** não prescrever **de forma direta** sobre a possibilidade do lançamento de ofício, **o faz de forma mediata,** por meio da limitação temporal no passo anterior que é o de fiscalizar (homologando ou não "autolançamento" do particular), pois o interregno fatal de natureza decadencial resolve a obrigação tributária formalizada pelo contribuinte, **extinguindo-a de forma definitiva.**

E o **art. 173, I do CTN**, onde ele entra nessa história? Transcrevendo o dispositivo legal:

> *Art. 173 – **O direito de a Fazenda Pública constituir** o crédito tributário extingue-se após cinco anos, contados:*
>
> ***I** – do primeiro dia do exercício seguinte àquele em que o lançamento poderia ter sido efetuado; [g.n.].*

Formalizando o **artigo 173, I** do **CTN:**

ANTECEDENTE	CONSEQUENTE
Se a Fazenda Pública puder efetuar o lançamento de ofício, **constituindo o crédito tributário,**	Então, **deverá fazê-lo** dentro do prazo de cinco anos, a contar do primeiro dia do exercício seguinte à data de tal possibilidade enunciativa constitutiva.

A ação enunciativa prevista no dispositivo normativo é a de **"constituir o crédito tributário"** pelo lançamento, nos termos do **artigo 142 do CTN.**

O prazo dado ao Estado-fiscal para tal ação constitutiva é a do **artigo 173, I, do CTN**, que deve **sempre ser observado nos lançamentos de ofício;** restando **ineficaz, tal observância temporal,** em caso de resolução de natureza decadencial de obrigação tributária autolançada e atingida fatalmente pelo advento do menor interregno fiscalizatório prescrito pelo **artigo 150, §4º do CTN. Este,** estipulando sempre um **prazo exato de cinco anos para homologação; aquele, um prazo maior ou igual a cinco anos para constituição de crédito de ofício.**

Em sequência **lógico-sistemática** de incidência/aplicação desses artigos, temos:

> **a)** Se totalmente satisfeitos os requisitos de aplicação do **artigo 150, §4º do CTN,** deve-se observar o prazo de **cinco anos contados da data do fato gerador (data do fato jurídico ou do fato social)** ali inserto para, em caso de omissões ou irregularidades na atividade de autolançamento, efetuar-se o **lançamento de ofício**, conforme prescreve o **artigo 149,**

V do **CTN,** restando inócua a busca de maior prazo ofertado pelo **artigo 173, I** do **CTN,** pois no período a maior por ele garantido, **se inerte o fisco no prazo para fiscalização (homologação tácita) regido pelo artigo 150, §4º do CTN,** o crédito auto formalizado pelo contribuinte, mesmo socialmente irregular, restará juridicamente regular, tendo sua extinção prontamente reconhecida pelo artigo **156, V do CTN;**

b) Se ausentes quaisquer dos requisitos para a incidência/aplicação do **artigo 150, §4º, do CTN não haverá prazo para a verificação de possíveis irregularidades (não haverá prazo para homologação, para fiscalização),** porém, em face dessas, teremos um interregno fatal para a **constituição de ofício** do crédito tributário por meio do lançamento suportado pelo artigo **142 do CTN:** o período estipulado pelo **artigo 173, I do CTN.**

Construindo no referencial formal da regra-matriz de incidência temporal extintiva, como norma de estrutura de incompetência do **artigo 173, I** do **CTN,** temos:

CRITÉRIOS	DESCRIÇÃO
MATERIAL	Permanecer inerte na sua atividade de enunciação constitutiva de crédito tributário de ofício ("lançamento" de ofício).
ESPAÇO/ TEMPORAL	Além de cinco anos contados a partir do primeiro dia do exercício seguinte à data do "fato gerador" (data do evento social tributário ou data do fato jurídico tributário construído).
ESPAÇO/ TERRITORIAL	Coincidente com o alcance territorial nacional, por ser o CTN norma de caráter nacional.
SUBJETIVO	Sujeito ativo => Estado ou ente personalizado delegado. Sujeito passivo => todos os administrados.
COMPETENCIAL	Proibição de aplicar/incidir norma constitutiva de crédito tributário no procedimento de ofício (lançamento de ofício).

- **Do critério material**

O critério material construído: permanecer inerte na sua atividade de enunciação constitutiva de crédito tributário de ofício ("lançamento" de ofício).

Aqui a inércia (falta de ação[383]) a que nos referimos seria a omissão do Estado-fisco no seu dever de constituição de ofício da norma de "lançamento" do artigo 142 do CTN. É omissão nos atos de fala performativo-prescritivos em face de atividade normativa irregular ou omissa produzida pelo particular em seus livros e documentos fiscais.

Já destacamos quando do estudo do artigo 150, §4º do CTN, que omissão de atos de fala (não enunciação) em termos jurídicos, diferentemente do que ocorre no mundo natural, é produtora de efeitos, contanto que haja norma jurídica a lhe emprestar fundamento. É o que ocorre com a materialidade da norma-matriz extintiva da possibilidade do fisco de constituir crédito tributário em face de omissão ou irregularidade do particular na sua atividade de "autolançamento". A inércia, nesse caso, produz consequências: a perda da possibilidade de constituir crédito tributário por meio de lançamento de ofício.

Um destaque deve ser feito: há tributos cuja modalidade de lançamento é, originalmente, de ofício. Para estes só resta o prazo do artigo 173 para se pensar em constituição de crédito. O artigo 148, I do CTN valida esse pensamento.

Derradeira questão no aspecto material, também destacada quando do estudo do artigo 150, §4º do CTN, é que se a materialidade é "permanecer inerte", só ocorrerá a aplicação/incidência da norma-matriz se inércia houver. E para estar inerte deve ter o dever de agir e condições de conhecimento da situação para agir.

- **Do critério espaço/temporal**

A materialidade deve ser vista em conjunto com suas marcas espaço-temporais. A singularidade do critério espaço/

---

383. FERREIRA, 1986, p. 940.

temporal, como já vimos, é que quando tratamos de prazos que envolvem dois instantes relevantes (*dies a quo* e *dies ad quem*), amarramos pela validade normativa atos de fala pretendidos (ações ou omissões) que rompem com o mero tempo cronológico, resgatando densamente no presente todo o espaço temporal ali definido, como se ele fosse instantâneo. Esse é um critério demarcador do prazo de inércia do fisco em constituir crédito tributário pelo lançamento de ofício. O *dies a quo* para a contagem do prazo quinquenal de natureza decadencial para a extinção da possibilidade do fisco constituir o crédito tributário pelo lançamento de ofício é o *primeiro dia do exercício seguinte àquele em que o lançamento poderia ter sido efetuado*. A expressão "exercício seguinte" admite possibilidade interpretativas diversas, gerando ambiguidade: ano seguinte, período de apuração seguinte. Não há esclarecimento normativo a este respeito.

O ângulo rítmico do *perdão jurídico* resta presente se entendermos inválidas, como suporte para constituição crédito de ofício, as situações jurídicas cujo "fato gerador" tenha ocorrido além do prazo estipulado. Já discutimos anteriormente a questão da inércia e a sua relação com "fatos geradores-eventos" e "fatos geradores-fatos jurídicos".

Por outro referencial, a *memória jurídica* resta resgatada dentro do prazo estipulado, suficiente à variável rítmica da *promessa jurídica*, "ligando o futuro" na validez permissiva da constituição do crédito de ofício. É o presente denso da ilusão do tempo tornando presente "sendo" passado e futuro cronologicamente fugidios.

Novamente é a *embreagem* rítmica em ação perseverando na *temporalização* social do tempo em prol da harmonização da sociedade e da estabilidade das relações.

- **Do critério espaço/territorial**

O critério espaço/territorial construído é coincidente com o espaço territorial nacional em face do alcance também nacional das normas atinentes à decadência, conforme discussão sobre as *normas gerais em matéria tributária* já feita.

- **Do critérios subjetivo e competencial**

Temos que pela materialidade tributária da inércia estatal constitutiva, associada às marcas históricas espacial e temporal, o Estado fica proibido de aplicar/incidir normas tributárias e sancionatórias constituidoras de obrigações. Fica proibido de dar curso ao processo de positivação, tanto de possível regra-matriz de incidência tributária como de regras sancionatórias. O sujeito ativo que está proibido é o Estado, e os sujeitos passivos serão todos os juridicizados interessados que devem reconhecer tal proibição.

A regra-matriz de incidência temporal extintiva decadencial atua no processo de positivação tributária, atribuindo ineficácia técnica à aplicação/incidência da regra-matriz de incidência tributária. No entanto, caso o Estado tenha positivado a norma tributária a destempo, a regra-matriz temporal extintiva decadencial, além de invalidar as normas individuais concretas criadas, retira o direito de nova instituição. É duplo o efeito extintivo: **(i)** invalida normas individuais e concretas (efeito extintivo do artigo 156, V do CTN) e **(ii)** retira o direito de nova validação.

- **Análise temporal do artigo 173, II do CTN**

Formalizando o **artigo 173, II** do **CTN:**

ANTECEDENTE	CONSEQUENTE
Se houver anulação, por vício formal, de lançamento anteriormente efetuado,	**ENTÃO, DEVE-SER,** o direito de constituição de crédito tributário por meio de lançamento de ofício reiniciará por mais cinco anos a partir da definitividade de tal decisão.

Construindo no referencial formal da regra-matriz de incidência temporal Extintiva, como norma de estrutura de incompetência do **artigo 173, II** do **CTN,** temos:

CRITÉRIOS	DESCRIÇÃO
MATERIAL	Permanecer inerte na sua atividade de enunciação constitutiva de crédito tributário de ofício ("lançamento" de ofício).
ESPAÇO/ TEMPORAL	Além de cinco anos contados a partir da **data em que se tornar definitiva** a decisão que houver **anulado, por vício formal, o lançamento anteriormente efetuado**.
ESPAÇO/ TERRITORIAL	Coincidente com o alcance territorial nacional, por ser o Código Tributário Nacional (CTN) norma de caráter nacional.
SUBJETIVO	Sujeito Ativo => Estado ou ente personalizado delegado. Sujeito Passivo => todos os administrados.
COMPETENCIAL	Proibição de aplicar/incidir norma constitutiva de crédito tributário no procedimento de ofício (lançamento de ofício).

- **Do critério espaço/territorial**

Alteração feita pelo inciso II do artigo 173 do CTN em relação ao seu I dá-se no critério espaço/temporal; portanto, ficaremos restritos a discutir este critério da regra-matriz de incidência temporal extintiva. Os demais critérios continuam inalterados em relação ao inciso I, tornando inócua e repetitiva sua abordagem.

Vemos que o efeito de decisão definitiva, administrativa ou judicial, de anular lançamento por vício formal, é o de dar novo *dies a quo* no interregno quinquenal para enunciação de novo lançamento. Vício formal é vício de enunciação normativa, cujas marcas históricas se encontram na enunciação-enunciada, antecedente de veículo introdutor normativo, ou seja, vício de: agente, procedimento, local e momento (componentes validadores normativos). Não é vício dos elementos do enunciado-enunciado. No entanto, seu efeito é invalidador do enunciado-enunciado, resultando em possibilidade de nova enunciação. Paulo de Barros Carvalho destaca este efeito, quando afirma que a decisão anulatória "[...] desconstitui a relação jurídico-tributária originária do lançamento anteriormente efetuado pela Administração."[384].

384. CARVALHO, P. B., 2015, p. 585.

Os elementos enunciativos formais do artigo 142 do CTN correspondentes ao procedimento de "lançamento", passíveis de anulação por vício formal seriam:

ELEMENTOS FORMAIS DE ATO ADMINISTRATIVO	ELEMENTOS FORMAIS DO ATO ADMINISTRATIVO DO LANÇAMENTO (ARTIGO 142 DO CTN)
AGENTE	Autoridade administrativa
PROCEDIMENTO	Verificação da ocorrência de "fato gerador" de tributo e da ocorrência de fato infracional
LOCAL	Local de publicidade do ato enunciativo
MOMENTO	Data da publicidade do ato enunciativo

Temos no reinício de contagem do prazo quinquenal para enunciação de nova norma de lançamento tributário efeito temporalizador da variável rítmica do *requestionamento jurídico*, "desligando" validade futura de norma individual e concreta já "lançada". É "remédio" temporalizador social que evita perpetuação de efeitos futuros que se originariam de procedimento enunciativo declarado definitivamente como viciado.

A radicalização do *requestionamento* é temperado na seletiva *memória* que resgata somente vícios preteritamente declarados viciados, tanto na seara administrativa como na judicial. A *embreagem* rítmica observada "desliga" passados viciados ainda não assim declarados de forma definitiva, denotando a influência do *perdão jurídico*.

Por último, futuro previsível da *promessa* é garantido na continuidade homogênea de validade não alcançada em caso de decisões anulatórias não definitivas.

- **Análise temporal do artigo 173 parágrafo único do CTN**

Transcrevendo o **art. 173 do CTN.**

> *Art. 173. O direito de a Fazenda Pública constituir o crédito tributário extingue-se após 5 (cinco) anos, contados:*
>
> *I - do primeiro dia do exercício seguinte àquele em que o lançamento poderia ter sido efetuado;*

> *II - da data em que se tornar definitiva a decisão que houver anulado, por vício formal, o lançamento anteriormente efetuado.*
>
> *Parágrafo único. O direito a que se refere este artigo extingue-se definitivamente com o decurso do prazo nele previsto, contado da data em que tenha sido* ***iniciada a constituição do crédito tributário pela notificação, ao sujeito passivo, de qualquer medida preparatória indispensável ao lançamento. (g.n.).***

Formalizando o **artigo 173, parágrafo único,** temos três possibilidades:

1ª Possibilidade interpretativa:

ANTECEDENTE	CONSEQUENTE
Se houver medida preparatória iniciada indispensável ao lançamento,	**ENTÃO, DEVE-SER,** constituir o crédito tributário até cinco anos contados da data da notificação dessa medida preparatória ou até o prazo previsto no inciso I do artigo 173 (o que for menor).

Construindo no referencial formal da regra-matriz de incidência temporal extintiva, como norma de estrutura de incompetência do **artigo 173, parágrafo único** do **CTN,** temos:

CRITÉRIOS	DESCRIÇÃO
MATERIAL	Permanecer inerte na sua atividade de enunciação constitutiva de crédito tributário de ofício ("lançamento" de ofício).
ESPAÇO/TEMPORAL	Além de cinco anos contados da data de início de medida preparatória indispensável ao lançamento, até o limite do prazo previsto no artigo 173, I do CTN.
ESPAÇO/ TERRITORIAL	Coincidente com o alcance territorial nacional, por ser o CTN norma de caráter nacional.
SUBJETIVO	Sujeito ativo => Estado ou ente personalizado delegado. Sujeito passivo => todos os administrados.
COMPETENCIAL	Proibição de aplicar/incidir norma constitutiva de crédito tributário no procedimento de ofício (lançamento de ofício).

- **Do critério espaço/territorial**

A alteração feita pelo parágrafo único do artigo 173 do CTN em relação ao seu I dá-se no critério espaço/temporal; portanto, ficaremos restritos a discutir este critério da regra-matriz de incidência temporal extintiva. Os demais critérios continuam inalterados em relação ao inciso I, tornando inócua e repetitiva sua abordagem.

Diversos posicionamentos ocorrem na interpretação do parágrafo único do artigo 173 do CTN. Paulo de Barros Carvalho ensina que "[...] Neste caso, ocorrerá antecipação do termo inicial para o decurso do prazo decadencial, contando-se cinco anos a partir da data em que se tenha por formalizada a notificação do contribuinte a respeito desta medida."[385]. Este também é o pensamento de Aurora Tomazini de Carvalho, quando afirma que tal fato antecipa o prazo *(dies ad quem)* previsto no inciso I do artigo 173 do CTN c/c seu parágrafo único.

Esse é o posicionamento majoritário na doutrina, porém, o achamos válido se considerarmos que a medida preparatória indispensável ao "lançamento" não faz parte de seu procedimento enunciador; ou para aqueles que afastam a ideia da possibilidade significativa de "lançamento" como procedimento, restringindo-a a "lançamento" como produto (ato-norma de "lançamento").

Para aqueles que interpretam como "antecipação de prazo", temos o *requestionamento* "desligando" validade normativa da possibilidade de constituição de crédito tributário após cinco anos da notícia da medida preparatória. A seleção efetuada pela *embreagem* rítmica ocorrera para os casos de medidas preparatórias indispensáveis ao "lançamento", em face do resgate efetuado pela *memória jurídica* ao levar em consideração o fato dessas medidas. Também se "desliga"

385. CARVALHO, P. B., 2015, p. 585-586.

validade pretérita no prazo entre "fato gerador" e notícia da medida preparatória, caracterizando o *perdão*.

2ª Possibilidade interpretativa:

ANTECEDENTE	CONSEQUENTE
Se houver medida preparatória iniciada indispensável ao lançamento,	**ENTÃO, DEVE-SER,** constituir o crédito tributário até cinco anos contados retroativamente, tendo como *dies a quo* a data da notificação dessa medida preparatória.

Construindo no referencial formal da regra-matriz de incidência temporal extintiva, como norma de estrutura de incompetência do **artigo 173, parágrafo único do CTN,** temos:

CRITÉRIOS	DESCRIÇÃO
MATERIAL	Permanecer inerte na sua atividade de enunciação constitutiva de crédito tributário de ofício ("lançamento" de ofício).
ESPAÇO/TEMPORAL	Além de cinco anos contados retroativamente da data da notícia de medida preparatória indispensável ao lançamento.
ESPAÇO/ TERRITORIAL	Coincidente com o alcance territorial nacional, por ser o CTN norma de caráter nacional.
SUBJETIVO	Sujeito ativo => Estado ou ente personalizado delegado. Sujeito passivo => todos os administrados.
COMPETENCIAL	Proibição de aplicar/incidir norma constitutiva de crédito tributário no procedimento de ofício (lançamento de ofício).

- **Do critério espaço/territorial**

Reduzido o número de adeptos entende-se que a data da notícia de medida indispensável ao lançamento seria termo *ad quem* para contagem de prazo retroativo de cinco anos para verificação de situação decadencial. Em suma, se o prazo contado entre data do "fato gerador" e data da medida preparatória, nos termos do artigo 173, parágrafo único, for menor que cinco anos, não importaria que a data DA enunciação-enunciada do "lançamento" como produto extrapolasse o prazo do artigo 173, I.

Para os adeptos dessa interpretação, de que a notícia das medidas preparatórias já representam "lançamento" como procedimento, caracteriza-se o "ligar" passado além da data do "fato gerador" no diferencial *temporalizador* que faltar para completar cinco anos contados preteritamente a partir da notícia de tais medidas. Há *requestionamento* com "desligar" futuro validador antes possível em face da forma de contagem dos incisos I e II do CTN.

3ª Nosso posicionamento:

Em face de nossa premissa, já discutida, da possibilidade multissignificativa do termo "lançamento" do artigo 142, aceitando sua dúplice possibilidade interpretativa: **(i)** como procedimento e **(ii)** como norma-produto, entendemos que *qualquer medida preparatória indispensável ao lançamento,* faz parte do rol procedimental enunciativo do "lançamento". A contagem futura de cinco anos para constituir crédito perde sentido, já que tal constituição teria início com a publicidade da medida preparatória. Para quê novo prazo de cinco anos? Esse é nosso posicionamento, o de que medida preparatória indispensável ao lançamento já seria lançamento.

Nesse sentido, bastaria que a notícia das medidas preparatórias se dessem no prazo limite do artigo 173, I do CTN, para que a constituição do crédito tributário fosse possível. A única diferença com relação ao que já discutimos em relação a esse dispositivo seria a antecipação da data da enunciação-enunciada do "lançamento" para a data da notícia das medidas preparatórias. No mais, seriam as mesmas observações.

- **Análise temporal do artigo 144 do CTN**

O dispositivo normativo do artigo 144 do CTN:

> *Art. 144. O lançamento reporta-se à* ***data da ocorrência do fato gerador da obrigação e rege-se pela lei então vigente****, ainda que posteriormente modificada ou revogada.*

> § 1º Aplica-se ao lançamento a legislação que, ***posteriormente à ocorrência do fato gerador da obrigação,*** *tenha instituído* ***novos critérios de apuração ou processos de fiscalização,*** *ampliado os poderes de investigação das autoridades administrativas, ou outorgado ao crédito maiores garantias ou privilégios,* ***exceto, neste último caso, para o efeito de atribuir responsabilidade tributária a terceiros.***
>
> § 2º O disposto neste artigo ***não se aplica*** *aos impostos lançados por períodos certos de tempo, desde que a respectiva lei fixe expressamente a data em que o fato gerador se considera ocorrido. (g. n.).*

Aqui mesclamos o jogo da enunciação, da enunciação-enunciada e do enunciado-enunciado com as categorias rítmicas temporalizadoras de François Ost. Acoplando o artigo 142 do lançamento com tal jogo, temos que o procedimento de "lançamento" seria a fonte do direito como enunciação que, uma vez enunciada, registraria suas marcas na enunciação-enunciada. Assim, o tempo DA enunciação-enunciada seria o tempo DO "*lançamento como procedimento*". Os enunciados-enunciados DO "*lançamento como norma-produto*" seriam as normas individuais e concretas (tributárias e sancionatórias) ali veiculadas.

Pois bem, o *caput* do artigo 144 do CTN *temporaliza* o tempo com a validade/vigência das normas gerais e abstratas de "lançamento" aplicáveis aos particulares, prescrevendo quando devem ser aplicadas/incididas; são normas de direito material que encerram possibilidades de obrigações (tributária e sancionatória) e deveres instrumentais imputáveis aos particulares.

Quando o *caput* do artigo 144 prescreve que "*O lançamento reporta-se à* ***data da ocorrência do fato gerador da obrigação***", "liga" passado, resgatando no presente da **data DA enunciação-enunciada do "lançamento como procedimento"**, *memória jurídica* por meio das normas de direito material válidas e vigentes à época dos eventos construídos factualmente no "lançamento como produto". A data **NOS enunciados-enunciados** do "lançamento como produto" serve de **índice memorial** para a aplicação/incidência de seu suporte normativo geral e abstrato pretérito.

A confirmação desse resgate encontra-se no final do *caput* do artigo 144 do CTN: *"ainda que posteriormente modificada ou revogada"*. Destaca-se a insistência na aplicação/incidência de normas preteritamente válidas e vigentes aplicáveis aos particulares à época dos eventos alcançados pelos enunciados-enunciados ("lançamento como produto") construídos em momento posterior.

A harmonização rítmica é pretendida pelo §2º do artigo 144 do CTN, quando da exclusão do resgate validade/vigente (*memória jurídica*) de normas aplicáveis a impostos por período determinado e expressamente designadores da data de "fato gerador evento". Aqui a data índice para busca de validade é a data DO "fato gerador evento" já expressamente determinada pela lei.

O §1º do artigo 144 do CTN trata de normas de fiscalização, sendo que a data de sua aplicação deve ser a data DA enunciação-enunciada do procedimento de "lançamento". Trata-se de normas procedimentais. Aqui o presente denso da validade normativa atual é perseguido. "Desliga-se" o passado normativo procedimental fiscalizatório (*perdão jurídico*).

No entanto, a *embreagem rítmica* encontra-se de forma específica nas condições do próprio §2º, quando na outorga ao crédito de maiores garantias e privilégios, excetua-se a inclusão de atribuição de responsabilidade tributária a terceiros. Aqui, caracteriza-se o "ligar" o passado normativo procedimental fiscalizatório em nome da segurança jurídica de não inclusão de terceiros em face de alteração legislativa fiscalizatória.

A *embreagem rítmica genérica* é a do seu §2º já comentado; aqui aplicável a normas procedimentais.

6.4 Fluxo prescricional: aspectos temporalizadores

6.4.1 Exigibilidade X exequibilidade e efeitos temporais da "suspensão" do crédito tributário

Breve discussão se faz necessária sobre a significação atribuída por nós aos termos "exigibilidade" e "exequibilidade" antes de analisarmos as situações temporais de caráter prescricional relativas a crédito tributário nas ações de execução.

O enfoque deste capítulo é abordar o tema "suspensão da exigibilidade do crédito tributário" numa visão crítica sobre a possibilidade ou não de efetivamente o artigo 151 do CTN arrolar causas "suspensivas de exigibilidade de crédito" ou se o efeito jurídico dos procedimentos ali elencados seria "obstativo da exequibilidade de crédito tributário exigível".

Afinal de contas, o que é ter "exigibilidade"? E "exequibilidade"? A "exigibilidade" pode ser suspensa? Esses são os questionamentos que discutiremos.

O reflexo do que neste capítulo ficar firmado em termos de exigibilidade e de exequibilidade norteará a forma de contagem do prazo prescricional que ainda abordaremos. A equivocidade do termo "exigibilidade" e a ambiguidade semântica provocada por cada singular contextualização jurídica remete-nos a análise e discussão sob um único aspecto do artigo 151 do CTN: seu *caput*.

A seguir, terminamos o traçado de nosso sistema de referência sugerindo uma sequência possível do processo de positivação normativa, a fim de destacar o momento culminante do aparecimento dos fatos relacionais da "exigibilidade" e da "exequibilidade". Abordaremos, também, características *temporalizadoras* como efeitos da aplicação do artigo 151 do CTN.

Pretendemos, assim, contribuir para um aprofundamento mais crítico sobre esse tema e não somente descrever, sem maiores preocupações de exatidão conceitual, as causas da chamada "suspensão da exigibilidade do crédito". Estamos um passo atrás. Nossa preocupação é analisar se há a possibilidade ou não de se suspender a tal "exigibilidade do crédito".

No caso de lançamento de ofício, em face de omissões ou irregularidades praticadas pelo sujeito passivo na sua atividade de autolançamento, aplicamos o 142 do CTN e verificamos a possibilidade de construção de duas relações: **(i)** a de obrigação tributária (como acima detalhada) e **(ii)** a de obrigação sancionatória, cuja relação jurídica seria a ela similar, porém com objeto relacional prestação de cunho punitivo e não tributário. O crédito tributário e, eventualmente, também o sancionatório são assim constituídos.

Mas o percurso concretizador continua quando o sujeito passivo das relações obrigacionais aludidas não as resolve, não as extingue, possibilitando ao Estado, aí sim, após todos os prazos concedidos para a sua extinção, a inscrição dos créditos consolidados na dívida ativa do ente tributante próprio, tendo em vista a contingência constitucional de se buscar o Estado-juiz em competente ação coercitiva de execução patrimonial.

Procedido ao corte metodológico, passemos à análise crucial da significação jurídica dos termos "exigibilidade" e "exequibilidade" e do momento lógico de sua ocorrência no processo de positivação normativa.

- **A equivocidade dos termos "exigibilidade" e "exequibilidade"**

São inúmeras as definições conceituais sobre a significação do termo "exigibilidade".

Paulo de Barros Carvalho ensina que a "exigibilidade" seria "o direito que o credor tem de postular, efetivamente, o objeto da obrigação"; evidentemente, após o procedimento de formalização do crédito. Afirma, ainda, que "No período que antecede tal expediente, ainda não se tem o surgimento da obrigação, inexistindo, consequentemente, crédito tributário, o qual nasce com o ato do lançamento."[386]. Conclui o professor que o lançamento, além de constituir o crédito tributário, confere-lhe "foros de exigibilidade, tornando-o susceptível de ser postulado, cobrado, exigido."[387].

Assim, a "exigibilidade" surgiria com o nascimento da própria obrigação tributária e, consequentemente, do crédito tributário. São momentos cronológicos e lógicos simultâneos.

Por sua vez, Fabiana Del Padre Tomé admite outra significação à "exigibilidade", afirmando que ela "não surge lógica e cronologicamente no mesmo instante em que o ato administrativo passa a existir no ordenamento"[388]. Primeiramente surgiria o crédito tributário definitivamente constituído pelo lançamento regularmente notificado ao sujeito passivo; depois seria "imprescindível que se tenha operado o vencimento da prestação tributária."[389]. Somente assim estaria o fisco "habilitado a cobrar o crédito tributário, mediante inscrição do débito na dívida ativa e o consequentemente ajuizamento da execução."[390].

Fabiana Del Padre Tomé[391] faz a distinção entre "crédito", "exigibilidade" e "exequibilidade": **(i)** o "crédito" surgiria com a notificação do lançamento; a **(ii)** "exigibilidade", com o vencimento do prazo para pagamento do tributo devido e a **(iii)** "exequibilidade", quando da formação do título executivo, passível, portanto, de execução.

Por sua vez, Daniel Monteiro Peixoto afirma que "exigir o crédito tributário é o mesmo que exercer a competência

---

386. CARVALHO, P. B., 2015, p. 530.

387. Ibidem, loc. cit.

388. TOMÉ, F. P. *VII Congresso Nacional de Estudos Tributários – IBET*. Noeses, São Paulo, 2005, pág. 374.

389. Ibidem, loc. cit.

390. Ibidem, loc. cit.

391. Ibidem, p. 375.

administrativa para produzir normas com o propósito de tornar efeito o direito de crédito por parte da Fazenda Pública..."[392]. Destaca o professor[393] que a cada conduta omissiva nasce uma norma de exigibilidade classificada em três espécies normativas de competência: **(i)** norma de exigibilidade-autuação, **(ii)** norma de exigibilidade-inscrição e **(iii)** norma de exigibilidade-execução. Associa a cada norma três tipos de fatos relacionais: **(i)** exigibilidade-autuação, **(ii)** exigibilidade-inscrição e **(iii)** exigibilidade-execução

Sob a ótica relacional tributária, a "exigibilidade" surge no exato momento da publicidade da norma jurídica de constituição do crédito tributário; seja através do procedimento de ofício do lançamento, seja por meio do autolançamento efetuado pelo próprio sujeito passivo.

O tempo DA "exigibilidade" é o tempo DA enunciação-enunciada do procedimento de "lançamento"; é simultâneo ao tempo DO enunciado-enunciado ("lançamento como produto).A "exigibilidade" tributária nasce, portanto, com a relação jurídica indicativa de que alguém (denominado "sujeito ativo") tem direito subjetivo a uma prestação em face de outro alguém (denominado "sujeito passivo") portador de correlato dever jurídico. Com isso, seriam cronologicamente simultâneos: o surgimento do crédito, da obrigação e da "exigibilidade", todos analisados sob a ótica factual-relacional.

No autolançamento, a "exigibilidade" surge por iniciativa do sujeito passivo, que se coloca como devedor de prestação tributária em face do sujeito ativo possuidor do direito subjetivo a tal prestação. Tempo DO "auto-enunciado-enunciado".

Nos tributos sujeitos originariamente ao lançamento de ofício, a relação de "exigibilidade" é de igual teor, porém seu

392. PEIXOTO, D. M. Suspensão da exigibilidade do crédito tributário. In: SANTI, E. M. D. (Coord.). *Curso de especialização em direito tributário*: estudos analíticos em homenagem a Paulo de Barros Carvalho. Rio de Janeiro: Forense, 2005. p. 604.

393. Ibidem, p. 605.

surgimento dá-se por iniciativa do ente sujeito ativo em face da lei.

Por último, no procedimento de ofício de lançamento, em que há a caracterização de omissão ou irregularidade na atividade de autolançamento, surgem dois fatos relacionais de "exigibilidade": **(i)** a de pretensão de pagamento de tributo e **(ii)** a de pretensão de pagamento de multa.

Em suma, basta ter relação jurídica de crédito constituído que já há a "exigibilidade" como fato relacional. A regular notificação do lançamento de ofício ou a declaração pelo sujeito passivo de seu autolançamento representam o surgimento do crédito constituído, da obrigação tributária surgida e, também, do fato relacional da "exigibilidade". Tempo DO enunciado-enunciado ("lançamento como produto") simultâneo ao tempo DA enunciação-enunciada ("lançamento como procedimento").

Corrobora nosso entendimento o próprio fato de que o sujeito passivo, no momento seguinte ao da constituição de créditos lançados ou auto lançados, já pode resolvê-las pelo pagamento. E ele não paga porque é "bonzinho". Paga porque entende e, *in casu*, aceita que é devedor em relação a montante que está sendo exigido dele; em suma, que o fato relacional da "exigibilidade" já nasceu. Portanto, para que haja "exigibilidade" não há a necessidade do escoamento do prazo para pagamento da obrigação tributária já constituída; basta o estabelecimento de relação jurídica em que um sujeito ativo tenha direito subjetivo à pretensão tributária e/ou sancionatória em relação a um sujeito passivo. Ter direito subjetivo é possuir o atributo da "exigibilidade", é estar em relação jurídica como credor.

Essa exigibilidade permanece aguardando sua resolução espontânea ou não, diferentemente do atributo da "exequibilidade". Sua validez insiste, tornando presente lógico, futuro cronológico que ainda não é.

Escoados os prazos para que os montantes exigíveis em obrigação tributária e/ou sancionatória sejam resolvidos por iniciativa do sujeito passivo e sem que tenha havido, também por sua iniciativa, quaisquer dos motivos denominados "suspensivos", elencados no artigo 151 do CTN, temos a consolidação do crédito constituído de ofício pelo Estado-fazenda ou auto constituído pelo sujeito passivo.

A "exigibilidade" do crédito permanece (validade insistente) e o fato relacional da obrigação tributária pode ser, por iniciativa do sujeito ativo pretensor, inscrito na dívida ativa do ente tributante correlato, qualificando-se, assim, tal fato jurídico, como título executivo extrajudicial.

O reconhecimento linguístico do título executivo, por sua vez, qualifica como exequível o objeto prestacional da relação jurídica consolidada, ou seja: o sujeito pretensor, desprovido de autotutela para resolver a obrigação não extinta espontaneamente pelo devedor, tem a possibilidade de buscar o Estado-juiz para que este, agora de forma coercitiva, busque no patrimônio do sujeito passivo aquele montante tributário e/ou sancionatório já consolidado como exigível.

O **crédito exigível**, com a inscrição na dívida ativa, **passa a qualificar-se, também**, como exequível. A permanência da situação de "exigibilidade" indica que o sujeito passivo pode, a qualquer momento, saldar sua dívida de forma não coercitiva. O acréscimo qualificativo da "exequibilidade" indica que o sujeito ativo também pode lançar mão de forma coercitiva indireta (por intermédio do estado-juiz em ação de execução) na busca da resolução da obrigação consolidada pela formação do título executivo já aludido.

As marcas rítmicas da *temporalização* aqui estão presentes. Tivemos na data DA enunciação-enunciada do "lançamento como procedimento" (a mesma DO enunciado-enunciado) a qualificação do crédito reclamado como exigível em simultâneo tempo DA sua "exigibilidade". A *promessa jurídica* da validez da norma suporte da "exigibilidade" caracterizada.

Com o esgotamento do prazo para solução do montante exigível, este fora classificado como exequível quando de sua inscrição em linguagem competente (criação fáctica) no registro da dívida ativa competente. Esse é o momento da *promessa jurídica* DA "exequibilidade", o tempo DA "exequibilidade".

Porém, a partir do ato de fala performativo da "exequibilidade" persiste harmonicamente dupla validade, dupla *memória jurídica*: a relativa à "exigibilidade" e à "exequibilidade". Elas não são antinomônicas, pois mesmo no curso de ação de execução poderia o sujeito passivo resolver a instabilidade relacional de que participa, por exemplo: pagando o montante devido, o que só é possível em face da presença persistente da "exigibilidade". O presente denso alcança logicamente futuro cronológico da validez atinente à "exequibilidade" e o põe ao lado da já presente memória da "exigibilidade".

Fincados os conceitos da "exigibilidade" e da "exequibilidade", passemos aos efeitos das iniciativas enunciadoras elencadas no artigo 151 do CTN.

- **Suspensão da exigibilidade ou obstáculo à exequibilidade?**

O artigo 151 do CTN prescreve:

> ***Art. 151. Suspendem a exigibilidade do crédito tributário:***
>
> *I - moratória;*
>
> *II - o depósito do seu montante integral;*
>
> *III - as reclamações e os recursos, nos termos das leis reguladoras do processo tributário administrativo;*
>
> *IV - a concessão de medida liminar em mandado de segurança.*
>
> *V – a concessão de medida liminar ou de tutela antecipada, em outras espécies de ação judicial;*
>
> *VI – o parcelamento.*
>
> *Parágrafo único. O disposto neste artigo não dispensa o cumprimento das obrigações assessórios dependentes da obrigação principal cujo crédito seja suspenso, ou dela consequentes.* ***(g. n.).***

As causas elencadas nos incisos I a VI, consagradas pela doutrina como medidas de "suspensão da exigibilidade do crédito tributário" assumem, para nós, diverso aspecto efectual. Sendo nossa premissa de que com a constituição do crédito tributário, como relação jurídica, já restaria constituída a sua "exigibilidade", temos que o elenco do dispositivo normativo do artigo 151 do CTN não destaca causas "suspensivas da exigibilidade do crédito", mas sim causas "obstativas ou suspensivas da exequibilidade do montante creditício exigível".

A consequência da formalização das iniciativas normativas destacadas no dispositivo legal complementar seria a impossibilidade de se buscar, de forma coercitiva, o montante de crédito exigível, em competente ação de execução, a ser interposta junto ao Estado-juiz, como meio de sua resolução. São causas de "não exequibilidade do crédito" constituído e exigível e não causas de "suspensão de sua exigibilidade".

A "exigibilidade" como fato relacional não se suspende com tais medidas, permanecendo inalterável e aguardando solução definitiva de extinção do correlato crédito exigível. Mas a iniciativa de se interpor ação legal coercitiva de busca de tal crédito no patrimônio do devedor, esta sim, se encontraria obstada quando presente quaisquer das medidas arroladas no artigo 151 do CTN.

Este é o efeito jurídico das "causas" do dispositivo complementar: **(i) obstativo da "exequibilidade" do crédito exigível,** quando tais medidas surgem após a notificação do lançamento de ofício (ou declaração regular do autolançamento) e antes da inscrição do crédito constituído e exigível na dívida ativa do ente tributante competente e **(ii) suspensivo da "exequibilidade"**, quando tais "causas" surgem após a inscrição do crédito constituído e exigível na dívida ativa do ente tributante competente.

Em termos *temporalizadores*, o aplicar/incidir norma do artigo 151 do CTN antes da validez da "exequibilidade", além de caracterizar a *memória jurídica* da impossibilidade de ação normativa da execução, cria obstáculo a que se ligue o futuro na *promessa* da validez da "exequibilidade".

Se o ato de fala na aplicação/incidência das possibilidades "suspensivas" do artigo 151 do CTN efetivar-se quando da duração insistente do presente denso da validez da "exequibilidade", tem-se o *requestionamento,* "desligando-se" futuro dessa validez até que advenha outro ato de fala resolvendo a possibilidade "suspensiva" em *promessa jurídica* de nova validez de "exigibilidade". Podemos pensar em *"requestionamento temporário"* na duração finita do acionamento das "causas suspensivas".

Nesse sentido, consideramos inadequado o entendimento de que o elenco arrolado no artigo 151 do CTN seria de causas de "suspensão da "exigibilidade" do crédito", pois este não se suspende. O que ocorre são causas "obstativas ou suspensivas da "exequibilidade" do crédito tributário exigível". A exigência do crédito tributário constituído encontra-se sempre presente enquanto não desfeita a relação jurídica que lhe dá suporte, mesmo que o crédito já esteja sob os efeitos da "exequibilidade" ou sob os efeitos obstativos ou suspensivos desta, como arrolados no artigo 151 do CTN.

- **Em breve resumo conceitual**

Sobre se a "exigibilidade do crédito tributário" poderia ou não ser suspensa em face das causas arroladas no artigo 151 do CTN, concluímos:

(i) a "exigibilidade" surge com a constituição do crédito tributário lançado de ofício pelo Estado-fiscal ou auto lançado pelo próprio sujeito passivo; surge como fato relacional simultaneamente ao nascimento da obrigação tributária.

(ii) uma vez não resolvida de forma espontânea a relação jurídica constituinte do crédito tributário exigível dentro de prazo estipulado normativamente, e com a inscrição de tal montante na dívida ativa, tem-se o *plus* qualificativo da "exequibilidade" do crédito tributário exigível, podendo, agora, o sujeito ativo pretensor buscar, em face do Estado-juiz, montante a que tem direito.

(iii) a busca coercitiva indiretamente exercida pelo sujeito passivo por meio de ação de execução própria só é possível em face do atributo de "exequibilidade do crédito constituído exigível".

(iv) por sua vez, sendo que a "exequibilidade" somente acrescenta à "exigibilidade" a possibilidade de ação coercitiva exacional indireta; não há a supressão dessa "exigibilidade". A qualquer momento o sujeito passivo pode resolver honrar espontaneamente seu débito pagando o montante que lhe é exigido, mesmo se o crédito já seja exequível.

(v) assim, concluímos que as causas elencadas no artigo 151 do CTN não seriam motivos de "suspensão de exigibilidade de crédito", mas sim, causas de "obstáculo ou de suspensão de exequibilidade de crédito exigível".

Esse é o nosso pensamento.

6.4.2 Temporalizando a execução (artigos 174 do CTN, regra-matriz de incidência temporal e seus critérios, temporalizações prescricionais)

A possibilidade de se exigir, judicialmente em ação de execução, crédito tributário constituído tem seu *dies a quo* quando da qualificação do objeto prestacional em exequível, a partir da data DA "exequibilidade".

Antes dessa qualificação o Estado-administração não tem a possibilidade de buscar coercivamente, por meio do Estado-juiz, o montante prestacional a que tem direito. Assim, a não "exequibilidade" é obstáculo à exigência processual por ação judicial de execução. Se o Estado-administração encontra-se obstado pela ausência de "exequibilidade" suficiente à execução, então não se há de falar em inércia.

Não é outro o posicionamento de Paulo de Barros Carvalho quando faz severa crítica ao legislador do CTN ao definir como marco inicial de contagem do prazo prescricional, para aplicação/incidência de norma processual de execução, a data da "constituição definitiva" do crédito tributário.

O *caput* do artigo 174 do CTN prescreve:

> *Art. 174. A* ***ação*** *para a cobrança do crédito tributário* ***prescreve*** *em cinco anos, contados da* ***data da sua constituição definitiva.*** *(g. n.).*

Destaca Carvalho: "O desalinho entre os pressupostos do instituto e o preceito do Código é indisfarçável. Não se preocupou o legislador em saber se havia possibilidade de exercício da ação judicial ou se o titular do direito se manteve inerte."[394].

Sem inércia não há porque fluir prazo de natureza prescricional contra o Estado-administração por este não realizar ato de fala performativo de busca de validade na aplicação/incidência de norma de execução.

Carvalho resolve a questão quando afirma que "A solução harmonizadora está em deslocar o termo inicial do prazo de prescrição par o derradeiro momento do período de exigibilidade, quando o Poder Público adquire condições de diligenciar acerca do seu direito de ação."[395].

No mesmo sentido, o tempo DA "exequibilidade" como anteriormente destacado deve ser o marco inicial para a contagem do prazo de natureza prescricional para a validação de ação de execução.

---

394. CARVALHO, P. B., 2015, p. 602.

395. Ibidem, 601.

Formalizando o ***caput* do artigo 174** do **CTN:**

ANTECEDENTE	CONSEQUENTE
Se a Fazenda Pública puder interpor ação de execução em face de crédito tributário constituído,	**ENTÃO DEVE-SER, deverá fazê-lo** dentro do prazo de cinco anos, a contar da "constituição definitiva desse crédito.

Construindo no referencial formal da regra-matriz de incidência temporal extintiva, como norma de estrutura de incompetência do ***caput* do artigo 174** do **CTN**, temos:

CRITÉRIOS	DESCRIÇÃO
MATERIAL	Permanecer inerte na sua atividade de enunciação constitutiva de ação de execução.
ESPAÇO/TEMPORAL	Além de cinco anos contados a partir da data DA "exequibilidade" de crédito tributário exigível.
ESPAÇO/ TERRITORIAL	Coincidente com o alcance territorial nacional, por ser o CTN norma de caráter nacional.
SUBJETIVO	Sujeito ativo => Estado ou ente personalizado delegado. Sujeito passivo => todos os administrados.
COMPETENCIAL	Proibição de aplicar/incidir norma constitutiva de natureza processual em ação de execução.

De forma mais específica, tratamos dos critérios material e espaço-temporal.

- **Do critério material**

O critério material construído: permanecer inerte na sua atividade de enunciação constitutiva de ação de execução.

A materialidade normativa é a omissão no ato de fala performativo de fazer aplicar/incidir norma processual de execução. Já nos posicionamos no sentido de que, em termos jurídicos, a omissão pode produzir efeitos se houver norma-suporte para tanto.

- **Do critério espaço/temporal**

O critério espaço/temporal construído: além de cinco anos contados a partir da data DA "exequibilidade" de crédito tributário exigível. A inexatidão técnica do código é evidente e já discutida.

Se a ação de execução tiver sido interposta além do quinquênio destacado, temos a variável rítmica do *perdão jurídico*, "desligando" validade pretérita processual aplicada/incidida e retirando seu suporte: a validez da "exequibilidade". Não será mais possível interpor ação de execução em busca coercitiva de crédito tributário constituído. E o artigo 156, V do CTN "desliga" simultaneamente a validade pretérita da "exigibilidade", resolvendo temporalmente a instabilidade jurídica da relação de crédito, retirando validade da norma individual e concreta material seu suporte.

Se a ação de execução não tiver sido interposta quando já ultrapassado o quinquênio prescricional, não haverá a possibilidade de se "ligar" futuro de validez de norma/individual e concreta de natureza processual. A *promessa* processual da ação de execução é obstada pela aplicação/incidência da norma de incompetência da regra-matriz de incidência tributária extintiva prescricional. Podemos entender tal obstáculo como produtor de ineficácia técnica ao processo de positivação processual.

- **Da interrupção da prescrição do parágrafo único do artigo 174 do CTN**

Temos que a aplicação/incidência das normas que causam interrupção do prazo prescricional causa o reinício de novo prazo prescricional, tantas vezes quantas forem as interrupções provocadas. No mesmo sentido, Paulo de Barros Carvalho afirma que: "Toda vez que o período é interrompido, despreza-se a parcela de tempo que já foi vencida, retornando-se ao marco inicial."[396].

O suporte normativo do artigo 174 do CTN:

396. CARVALHO, P. B., 2015, p. 602.

> *Art. 174. A ação para a cobrança do crédito tributário prescreve em cinco anos, contados da data da sua constituição definitiva.*
>
> *Parágrafo único. A prescrição **se interrompe:***
>
> *I – pelo despacho do juiz que ordenar a citação em execução fiscal;*
>
> *II - pelo protesto judicial;*
>
> *III - por qualquer ato judicial que constitua em mora o devedor;*
>
> *IV - por qualquer ato inequívoco ainda que extrajudicial, que importe em reconhecimento do débito pelo devedor.*

Os incisos I e II do parágrafo único do artigo 174 apresentam a característica rítmica do *requestionamento jurídico*, "desligando" a duração da validez normativa pretérita da "exequibilidade" que em *memória jurídica* persistia em existir, reiniciando-a; inserindo no sistema nova duração de "exequibilidade". São atos de fala que atingem somente a "exequibilidade", mas não a "exigibilidade" que persiste na sua validez, podendo o particular, a qualquer momento, resolver a instabilidade desconfortável de relação jurídica que o tem como sujeito passivo devedor. Em outra referência, verificamos que o seletivo "esquecimento" do curso *temporalizador* já transcorrido traz as marcas do *perdão jurídico*, "desligando" a exequibilidade pretérita e reiniciando a validez temporal de nova duração da "exequibilidade", tantas vezes quantas forem as buscas das causas interromptivas. É novo "ligar" futuro de "exequibilidade". Esse é o sistema harmônico de freio social pretendido pelo mecanismo da *embreagem* de François Ost.

Os incisos III e IV do artigo 174 do CTN: ato judicial constituindo em mora o devedor e ato inequívoco, mesmo extrajudicial, que implique em reconhecimento do débito pelo devedor, não trazem, necessariamente, *memória jurídica* de validez normativa pretérita de "exequibilidade", pois esta ainda não teria sido *prometida juridicamente*. Com certeza a *memória* da "exigibilidade" insiste na sua validade, pois é suporte à aplicação dos incisos III e IV que, assim, não seriam causas interruptivas de "exequibilidade", mas causas de inédito seu início. Não há reinício, pois não houve anterior início.

Não há *requestionamento,* pois não houve questionamento anterior com *promessa* já inserida no sistema. Estas causas são, simplesmente *promessas* inéditas, "ligando" novo futuro: o da validez da "exequibilidade" ao lado da persistente *memória jurídica* da validez da "exigibilidade".

6.5 Formalizando o jogo enunciativo

Por inspiração dos ensinamentos do professor Tárek Moysés Moussallem, ousamos buscar formalização do jogo da enunciação, enunciação-enunciada e enunciado-enunciado aplicada a casos de decadência e de prescrição na busca exacional do fisco.

A estrutura lógica:

$\mathbf{P_t = [(E_{\underline{da}} - \underline{e}_{\underline{no}}) - (c_{in} - e_{no})] <= 5}$ **anos**

$\mathbf{P_t}$ => Prazo temporalizador

$\mathbf{E_{\underline{da}}}$ => tempo **DA** Enunciação-enunciada

$\mathbf{e_{no}}$ => tempo **NO** Enunciado-enunciado

$\mathbf{c_{in}}$ **=> data do início da contagem (*dies a quo* prevista em lei)**

O prazo *temporalizador* limite de cinco anos é estipulado no CTN pelos artigos 150, §4º, 173, I (situações decadenciais) e 174 (situação prescricional). Para que não ocorram os efeitos extintivos decadencial ou prescricional o prazo de ação do Estado $\mathbf{P_t}$ deve ser menor ou igual a cinco anos. Formalmente é obtido do diferencial de dois prazos: o do interregno temporal entre a data DA Enunciação-enunciada e a data NO Enunciado-enunciado ($\mathbf{E_{\underline{da}} - \underline{e}_{\underline{no}}}$), e o do interregno obtido entre a data DO marco inicial de contagem previsto em lei (*dies a quo*) e o tempo NO enunciado-enunciado ($\mathbf{c_{in} - e_{no}}$).

Vejamos alguns exemplos.

- **Caso 1 – Aplicação do artigo 173, I (decadência para constituir)**

Com data do fato infracional dia 29/06/2016, se a regular notificação do lançamento se der em 29/06/2022, teremos que declarar sua invalidade em face de extrapolação de natureza decadencial?

Com esses dados, temos: Data DA enunciação-enunciada (**E**$_{\underline{da}}$) em 29/06/2022, que é a data DO "fato gerador" do "lançamento como produto", data de construção linguística DO fato jurídico. Data No enunciado-enunciado (**e**$_{no)}$, que é a data DO "fato gerador" do evento social pretérito em 29/06/2016. Como a contagem será pelo artigo 173, I do CTN, sua data é 01/01/2017 (**c**$_{in}$). Aplicando a estrutura formalizada abaixo e substituindo suas variáveis, temos:

$$\mathbf{P_t = [(E_{\underline{da}} - \underline{e}_{\underline{no}}) - (c_{in} - e_{no})] >= 5\ anos}$$

$$\mathbf{P_t = [(29/06/2022 - 29/06/2016) - (01/01/2017 - 29/06/2016)]}$$

$$\mathbf{P_t = [(6\ anos) - (6\ meses\ e\ 1\ dia)]}$$

$$\mathbf{P_t > 5\ anos}$$

Como resultado, temos que a regular notificação do lançamento efetuado extrapolou o prazo de cinco anos da norma decadencial para constituição de crédito, portanto, deve ser invalidado por efeito decadencial.

- **Caso 2 – Aplicação do artigo 150, §4º do CTN (decadência para fiscalizar)**

Com data do fato infracional dia 29/06/2016, se a data do desparegular notificação do lançamento se der em 29/06/2022, teremos que declarar sua invalidade em face de extrapolação de natureza decadencial?

Com esses dados, temos:

Data DA enunciação-enunciada (**E**$_{\underline{da}}$) em 29/06/2022, que é a data DO "fato gerador" do "lançamento como produto", data de construção linguística DO fato jurídico. Data No enunciado-enunciado (**e**$_{no}$), que é a data DO "fato gerador" do evento social pretérito em 29/06/2016. Como a contagem será pelo artigo 150, §4º do CTN, sua data é a mesma do "fato gerador" evento social em 29/06/2016 (**c**$_{in}$). Aplicando a estrutura formalizada abaixo e substituindo suas variáveis, temos:

$$P_t = [(E_{\underline{da}} - \underline{e}_{\underline{no}}) - (c_{in} - e_{no})] >= 5 \text{ anos}$$

$$P_t = [(29/06/2022 - 29/06/2016) - (29/06/2016 - 29/06/2016)]$$

$$P_t = [(6 \text{ anos}) - (\text{zero})]$$

$$P_t > 5 \text{ anos}$$

Como resultado, temos que a regular notificação do lançamento efetuado extrapolou o prazo de cinco anos da norma decadencial para ter efeito jurídico a fiscalização normatizada temporalmente pelo artigo 150, §4º do CTN; portanto, o lançamento deve ser invalidado por efeito decadencial.

- **Caso 3 – Aplicação do artigo 174 do CTN (prescrição na ação executiva)**

Com data da "constituição definitiva" do crédito em 29/06/2016 (entendida aqui, para simplificar, como simultânea à data da qualificação de crédito exigível como exequível; simultânea à data da inscrição do débito no livro da dívida ativa), se o ato de fala da interposição de ação de execução se der em 29/06/2022, teremos que declarar a invalidade dessa pretensão exacional em face de extrapolação de prazo de natureza prescricional?

Com estes dados temos: Data DA enunciação-enunciada (**E**$_{\underline{da}}$) em 29/06/2022, que é a data DA interposição protocolada da ação exacional, data de construção linguística DO fato jurídico processual da busca de prestação jurisdicional. Data NO enunciado-enunciado processual (**e**$_{no}$), que é a data DA validez da exequibilidade em 29/06/2016. Como a contagem será pelo artigo 174 do CTN, e considerando, no exemplo dado, a simultaneidade da "exequibilidade" à "constituição definitiva" do crédito, temos que a data DA exequibilidade é 29/06/2016 (**c**$_{in}$).

Aplicando a estrutura formalizada abaixo e substituindo suas variáveis, temos:

$$\mathbf{P_t = [(E_{\underline{da}} - \underline{e}_{\underline{no}}) - (c_{in} - e_{no})] >= 5\ anos}$$

$$\mathbf{P_t = [(29/06/2022 - 29/06/2016) - (29/06/2016 - 29/06/2016)]}$$

$$\mathbf{P_t = [(6\ anos) - (zero)]}$$

$$\mathbf{P_t > 5\ anos}$$

Como resultado, temos que a ação de execução extrapolou o prazo de cinco anos da norma prescricional, conforme o artigo 174 do CTN; portanto, deve ter sua validade *requestionada.*

INTERLÚDIO

À semelhança de François Ost[397] em suas derradeiras considerações, não nos arriscamos a redigir quaisquer conclusões com ares de definitividade. Apenas um "interlúdio", uma suspensão nos estudos das marcas *temporalizadoras* do tempo, certos de que são somente traços ilusórios sobre o fugidio tempo cronológico que não permanece presente, em face de sua instantaneidade que não resgata o passado que não é mais e que não representa o futuro que ainda não é.

De forma paralela, aceitamos a ilusão da validade como característica normativa por propiciar a proeza de insistir juridicamente em presente denso que dura, em termos lógicos, atraindo validez passada e futura. De forma indutiva, fomos alçando plataformas sequenciais de fundamentação no desenvolver dos seis capítulos redigidos.

Iniciamos discutindo e destacando a importância da linguagem como articulação da língua na descoberta da "realidade". Chegamos com Vilém Flusser ao reconhecimento de que a "linguagem é constitutiva da nossa realidade social" e de que não temos acesso ao conhecimento do mundo natural heterogêneo e contingencial, mas sim de fragmentos culturais em face da nossa capacidade de denominação dos seus objetos.

Ingressamos no sistema do direito, em sua "realidade" linguística, onde descobrimos que: (i) validade representa

397. OST, 1999. p. 425.

insistência normativa em pertencer ao sistema jurídico; (ii) vigência e eficácia técnica são essenciais às pretensões relacionais dos efeitos jurídicos; (iii) aplicação e incidência, apesar de representarem distintas categorias, andam sempre de "mãos dadas", apoiando-se para efetivar coincidências verbais e espaço-temporais no processo de positivação normativa. Toda essa dinâmica não garante a contingência da eficácia social, por ter o homem liberdade de cumprir ou não o que o sistema lhe prescreveu. E por fim, reafirmamos o entendimento de Paulo de Barros Carvalho[398] de que a ideologia protetora de particulares valores, na escolha do método interpretativo, é tão valiosa (e dialeticamente necessária) quanto à objetividade na sua aplicação e que a intertextualidade é fundamental ao sucesso interpretativo.

Em direção ao entendimento desse "deus tão poderoso": o tempo (como a ele se refere Eurico Marcos Diniz de Santi)[399], ingressamos no pensamento de importantes filósofos, destacando rudimentos conceituais sobre o tempo, limitados e carentes que somos de conhecimento mais aprofundado sobre teorias filosóficas. Servimo-nos no estudo intrincado dos textos clássicos de ilustres apoiadores intermediários, como Fernando Rey Puente e André Comte-Sponville.

Ao lado do sentido físico da numeração do movimento, necessário ao conceito de "tempo" para Aristóteles, verificamos com Plotino que a alma como essência pode ter sido responsável por criar o tempo.

No bom humor satírico de Santo Agostinho, a "ducha fria" da notícia de que o tempo não quer ser conhecido, pois vive em constante fuga, com um passado que não é mais, um presente que não permanece e um futuro que ainda não é; e quando chega, é tão instantâneo que passa a não ser.

Na esperança de que alguém nos indicasse como "segurar" esse fugidio tempo, buscamos em Kant alguma resposta,

398. CARVALHO, P. B., 2015, p. 204.

399. SANTI, 2000, p. 33.

intercalando sua leitura com as preciosas lições de Daniel Vieira Sarapu, e nos conformamos de que seria impossível ter acesso à essência das coisas, inclusive do tempo, já que somos limitados às nossas experiências de vida, o que limita e condiciona o conhecimento do mundo ao redor.

No intuicionismo de Bergson, o esclarecimento de que consciência interior começava a enganar o tempo, iludindo-o pela memória de fragmentos passados, trazendo-os ao presente. Podemos não "agarrar" o tempo para conhecê-lo conceitualmente, mas andamos em paralelo na duração de nossa memória.

Seguindo nessa linha de pensamento, vimos em Husserl e em Heidegger que é possível termos a *temporalização* de um presente denso; a ilusão paralela do tempo seria o seu *dasein* (ser-aí) caracterizado por ser-à-frente-de-si-mesmo, ligando minha existência à de futuro, mas também indicativo da facticidade de ser-já-no-mundo na ligação com o passado, com consciência de que presente é queda, é aglutinação memorial de rudimentos dos três horizontes temporais: presente, passado e futuro. Presente denso de Husserl ao lado do *dasein* de Heidegger.

Ficamos convencidos, então, de que a abordagem direta sobre o tempo é tarefa impossível, pois só se conhece o tempo pelo que ele não é, em face de seu caráter fugidio de não ser. Compreendemos, graças aos filósofos estudados, que só haveria uma forma de fazê-lo durar: por meio da ilusão da *temporalização,* da consciência pessoal recordando e lançando esperanças num presente denso não mais fugidio.

Mas se resolvida estava a descoberta de que a consciência memorial *temporalizadora* serve como instrumental paralelo de conhecimento do tempo, como conhecer o tempo jurídico? Qual o instrumento *temporalizador* no Direito, já que ele não é pessoa? Três grandes teóricos do direito nos indicaram o caminho: Comte-Sponville, Tercio Sampaio Ferraz e François Ost. Comte-Sponville define o presente denso como tempo de duração; Tercio Sampaio Ferraz dá significado à nossa busca, mostrando que a *temporalização* do tempo jurídico, em face da validade normativa, não deve ser objeto de manipulações interesseiras, mas de preservação de princípios, especialmente da segurança jurídica na sua faceta de previsibilidade. Por fim, nessa parte, François Ost, nos ensinou que a manipulação do tempo jurídico, de sua *temporalização* por meio da validade, deveria seguir compasso presente e responsável. Com seus ensinamentos e pelas valiosas lições de Sarapu, entendemos que Direito também tem "consciência": a validade normativa. A ilusão jurídica do tempo está na característica da validade normativa que torna o presente lógico: passado, presente e futuro cronologicamente considerados.

Aprendemos que as características rítmicas desse compasso jurídico, baseado no jogo da validez normativa, são: a *memória* ("ligando" validez pretérita); *perdão* ("desligando" validez pretérita); *promessa* ("ligando" validez futura) e *requestionamento* ("desligando" validez futura).

O jogo harmônico rítmico de "ligar" e "desligar" validez (e algumas vezes vigência e eficácias pretéritas e futuras) garante a *temporalização* social do tempo jurídico de forma que a duração do presente denso normativo atenda ao escopo do Direito, que é o de evitar/solucionar conflitos sociais. Evitam-se as "patologias" jurídicas dos radicalismos de validez passadas e futuras em insana e nociva persistência com os "remédios" *temporalizadores* do *perdão, da memória, da promessa* e *do requestionamento.* Constatamos essas variáveis rítmicas em diversas passagens constitucionais e em normas complementares, primordialmente no CTN.

Encorajados pela descoberta do caminho da *temporalização*, e direcionados ao objetivo de relacionar o estudo do tempo no direito em face das hipóteses de normas exacionais de caráter decadencial e prescricional, arriscamo-nos a criar, na linha de pensamento de Paulo de Barros Carvalho, regras-matrizes de incidência temporal de incompetência e de competência, no intuito de facilitar, por meio de análise de seus critérios, o entendimento *temporalizador* da validez normativa nos casos exacionais de decadência e prescrição.

Fomos obrigados a inovar critérios em face da singularidade de estarmos tratando de normas de estrutura e da questão da validade como presente denso normativo.

Criamos o critério espaço/temporal, inspirado por Paulo de Barros Carvalho quando, citando Einstein, firma o convencimento de que referenciais distintos de observação são capazes de transformar o simultâneo em sucessivo. Como a validade tem o poder de reunir no presente os três horizontes temporais: presente, passado e futuro, seu prazo de duração reúne, em termos lógicos e num único referencial, efeitos simultâneos de validade de referenciais cronologicamente diversos, firmando o conceito de prazo como presente denso. Por isso, a denominação de "critério espaço-temporal". Criamos, também, o "critério competencial" em face da natureza estrutural da norma-matriz temporal, distinta da norma comportamental da regra-matriz de incidência tributária.

Buscamos também suporte conceitual no entendimento do jogo temporal dos atos de fala da enunciação, da enunciação-enunciada e do enunciado-enunciado, chegando à conclusão da existência de interregno entre o tempo DA enunciação-enunciada e o tempo NO enunciado-enunciado, como já nos alertara Tárek Moysés Moussallem.

Por derradeiro, sustentados pela bagagem conceitual vista, investigamos o fluxo *temporalizador* da validade normativa, desde os procedimentos fiscalizatórios até a situação processual da execução, analisando os artigos do Código CTN que prescrevem situações decadenciais e prescricionais.

Reafirmamos nosso entendimento da ambiguidade e da vagueza dos termos e expressões, adotando a possibilidade interpretativa de três definições significativas para fato gerador: evento social, fato jurídico e hipótese legal. Para cada artigo analisado construímos regras-matrizes de incidência temporal.

Verificamos que "exigibilidade" do crédito tributário ocorre com o estabelecimento de relação jurídica de direito material e que a validez da "exequibilidade" não exclui a persistente validez da "exigibilidade". Percebemos que a data DA enunciação-enunciada do lançamento é a mesma do tempo DO factual enunciado-enunciado; e que a data do fato gerador como evento social é simultânea ao tempo NO enunciado-enunciado.

Vimos que a *embreagem* harmonizadora das variáveis rítmicas: *perdão, memória, requestionamento e promessa* funciona no intuito do bem-estar social. Verificamos que a inércia do Estado é "botão de partida" para a contagem dos prazos decadencial e prescricional. Sem inércia não há de se contar prazo por omissão, pois omissão não há. Por fim, descobrimos que, apesar de a omissão no sentido natural representar ausência absoluta de ação, o ordenamento lhe empresta efeitos jurídicos, considerando-a atos de fala.

Na questão prescricional, vimos que a data DA validez da exequibilidade pode não ser simultânea à data DA "constituição definitiva" do crédito tributário, gerando efeitos na forma de contagem dos seus prazos extintivos de possibilidade de ação processual de execução.

Por último, arriscamo-nos a criar estrutura lógica baseada no jogo da enunciação aplicável a situações de decadência e prescrição e que colocamos à luz para críticas sobre a sua pertinência genérica.

Depois de todos os passos indutivamente percorridos nessa aventura de conhecimento, a motivação da continuidade do estudo sobre o tempo nessa linha metodológica é o fato de se ter em mãos instrumento poderoso de investigação sobre os efeitos das diversas variáveis rítmicas das normas construídas do ordenamento jurídico. Por isso nossa decisão de nada concluir, mas de apenas entrar em estado de suspensão, aguardando próxima aventura rítmica *temporalizadora*.

REFERÊNCIAS

A) Doutrina

ABBAGNANO, N. *Dicionário de Filosofia*. 4. ed. São Paulo: Martins Fontes, 2003.

AGOSTINHO, Santo. *Confissões*. São Paulo: Abril, 1973. (Os Pensadores).

ARAUJO, C. O. *Incidência jurídica*: teoria e prática. São Paulo: Noeses, 2011.

ARISTÓTELES. *Tratado sobre o tempo*. [s.d.]

ATALIBA, G. *Hipótese de incidência tributária*. 5. ed. São Paulo: Malheiros, 1998.

FERREIRA, A. B. H. *Novo dicionário da língua portuguesa*. 2.ed. Rio de Janeiro: Nova Fronteira, 1986.

BALEEIRO, A. *Limitações constitucionais ao poder de tributar*. 7. ed. Rio de Janeiro: Forense, 2003.

BARRETO, A. *Base de cálculo, alíquota e princípios constitucionais*. 2. ed. São Paulo: Max Limonad, 1998.

BARRETO, P. A. Imposto sobre a renda: pessoa jurídica. In: SANTI, E. M. D. (Coord.). *Curso de especialização em direito tributário*: estudos analíticos em homenagem a Paulo de Barros Carvalho. Rio de Janeiro: Forense, 2005.

BECKER, A. A. *Teoria geral do Direito Tributário*. 3. ed. São Paulo: Lejus, 1998.

BERGSON, H. *Introdução à Metafísica*. São Paulo: Abril, 1974. (Os Pensadores).

CARRAZZA, R. A. *Curso de Direito Constitucional Tributário*. 24. ed. São Paulo: Malheiros, 2008.

_____. *ICMS*. 15. ed. São Paulo: Malheiros, 2011.

CARVALHO, A. T. *Curso de teoria geral do direito*. 2. ed. São Paulo: Noeses, 2010.

CARVALHO, C. *Ficções jurídicas no direito tributário*. São Paulo: Noeses, 2008.

CARVALHO, P. B. *A regra matriz do ICM*. 1981. Tese (Livre Docência em Direito Tributário) - Pontifícia Universidade Católica, São Paulo, 1981.

_____. *Curso de direito tributário*. 23. ed. São Paulo: Saraiva, 2011.

_____. *Direito tributário, linguagem e método*. 6. ed. São Paulo: Noeses, 2015.

_____. *Direito tributário*: fundamentos jurídicos da incidência. 7. ed. São Paulo: Saraiva, 2009.

_____. ICMS: conferências e debates. *Revista de Direito Tributário*, São Paulo, v. 48, abr./jun. 1989.

CHIESA, C. *ICMS*: sistema constitucional tributário: algumas inconstitucionalidades da LC 87/96. São Paulo: LTr, 1997.

CHIESA, C. ICMS incidente na aquisição de bens ou mercadorias importados do exterior e contratação de serviços no exterior: inovações introduzidas pela EC 33/2001. In: ROCHA, V. O. (Coord.). *O ICMS e a EC 33*. São Paulo: Dialética, 2002. p. 150-151.

COMTE-SPONVILLE, A. *O ser-tempo:* algumas reflexões sobre o tempo da consciência. 2. ed. São Paulo: Martins Fontes, 2006.

DE GIORGI, R. *Direito, tempo e memória.* São Paulo: Quartier Latin, 2006.

ESTEVES, M. R. *Normas gerais de Direito Tributário.* São Paulo: Max Limonad, 1997.

FERRAZ JÚNIOR, T. S. Segurança jurídica e normas gerais de Direito Tributário. *Revista de Direito Tributário*, São Paulo, n. 17-18, jul. 1981.

______. *O Direito entre o futuro e o passado.* São Paulo: Noeses, 2014.

FIORIN, J. L. *As astúcias da enunciação*: as categorias de pessoa, espaço e tempo. 2.ed. São Paulo: Ática, 2002.

FLUSSER, V. *Língua e realidade.* 2. ed. São Paulo: Annablume, 2004.

GAMA, T. L. *Competência tributária*: fundamentos para uma teoria da nulidade. São Paulo: Noeses, 2009a.

______. Sentido, consistência e legitimação. In: HARET, F.; CARNEIRO, J. (Coords.). *Vilém Flusser e juristas*: Comemoração dos 25 anos do grupo de estudos de Paulo de Barros Carvalho. São Paulo: Noeses, 2009b.

HORVARTH, E. *Lançamento tributário e "autolançamento".* São Paulo: Dialética, 1997.

HUSSERL, E. *Investigações* lógicas: sexta investigação. Elementos de uma elucidação fenomenológica do conhecimento. São Paulo: Abril, 1975. (Os Pensadores)

KANT, I. *Crítica da razão pura.* São Paulo: Abril, 1974. (Os Pensadores).

KELSEN, H. *O que é justiça?*. 2. ed. São Paulo: Martins Fontes, 1998.

______. *Teoria pura do direito.* 6. ed. São Paulo: Martins Fontes, 2000.

LINS, R. M. *Controle de constitucionalidade da norma tributária*: decadência e prescrição. São Paulo: Quartier Latin, 2005.

LUHMANN, N. *Introdução à teoria dos sistemas*. Petrópolis: Vozes, 2010.

MENDONÇA, C. Decadência e prescrição em matéria tributária. *In* SANTI, E. M. D. (Coord.). *Curso de Especialização em Direito Tributário*: estudos analíticos em homenagem a Paulo de Barros Carvalho. Rio de Janeiro: Forense, 2005. p. 656.

MOURA, F. A. S. *Lei Complementar tributária*. São Paulo: Quartier Latin, 2009.

MOUSSALLEM, T. M. *Fontes do direito tributário*. 2. ed. São Paulo: Noeses, 2006.

OST, F. *O tempo do Direito*. Lisboa: Instituto Piaget, 1999.

PEIXOTO, D. M. *Suspensão da exigibilidade do crédito tributário*. In: SANTI, E. M. D. (Coord.). Curso de Especialização em Direito Tributário: Estudos Analíticos em Homenagem a Paulo de barros Carvalho. Rio de Janeiro: Forense, 2005.

PLOTINO. *Tratados das Enéadas/Plotino*. São Paulo: Polar Editorial, 2000.

PUENTE, F. R. *Ensaios sobre o tempo na Filosofia Antiga*. São Paulo: Annablume Editores, 2010.

SANTI, E. M. D. As classificações no sistema tributário brasileiro. In: CONGRESSO INTERNACIONAL DE DIREITO TRIBUTÁRIO, 1. 1998, Vitória, ES. *Justiça tributária*. São Paulo: Max Limonad, 1998. p. 123-147.

______. *Decadência e prescrição no direito tributário*. São Paulo: Max Limonad, 2000.

_____. *Lançamento tributário*. São Paulo: Max Limonad, 1999.

SARAPU, D. V. *Direito e memória*: uma compreensão temporal do direito. Belo Horizonte: Arraes Editores, 2012.

SILVA, R. E. *Curso de decadência e de prescrição no direito tributário*: regras do direito e segurança jurídica. São Paulo: Noeses, 2013.

TOMÉ, F. P. *A prova no Direito Tributário*. São Paulo: Noeses, 2005.

______. Vilém Flusser e o constructivismo lógico-semântico. In: HARET, F.; CARNEIRO, J. (Coords.). *Vilém Flusser e juristas*: comemoração dos 25 anos do grupo de estudos de Paulo de Barros Carvalho. São Paulo: Noeses, 2009.

_____. VII Congresso Nacional de Estudos Tributários – IBET. Noeses, São Paulo, 2005.

XAVIER, A. *Do lançamento*: teoria geral do ato, do procedimento e do processo tributário. 2. ed. Rio de Janeiro: Forense, 1996.

WITTGENSTEIN, L. *Tratado lógico-filosófico investigações filosóficas*. 2. ed. Lisboa: Serviço de Educação Fundação Calouste Gulbenkian, 1995.

B) Legislação

BRASIL. Constituição (1967). *Constituição da República Federativa do Brasil de 1967*. http://www.planalto.gov.br/ccivil_03/Constituicao/Constitui%C3%A7ao67.htm>. Acesso em: 14 ago. 2014.

BRASIL. Constituição (1988). *Constituição da República Federativa do Brasil de 1988*. <Disponível em: <http://www.planalto.gov.br/ccivil_03/Constituicao/Constituicao.htm>. Acesso em: 14 ago. 2014.

BRASIL. Presidência da República. *Lei 5.172, de 25 de outubro de 1966*. Dispõe sobre o Sistema Tributário Nacional e institui normas gerais de direito tributário aplicáveis à União, Estados e Municípios. <Disponível em: http://www.planalto.gov.br/ccivil_03/Leis/L5172.htm>. Acesso em: 14 ago. 2014.

Impressão e acabamento
psi7 | book7
psi7.com.br book7.com.br